神老師 & 神媽咪（沈雅琪）——著

善良是一種選擇

只想做有意義的事
不活在別人眼光中

【推薦文】

願社會每個角落都有神老師

王意中（王意中心理治療所所長、臨床心理師）

這社會不缺批評的聲音，閒言閒語很容易，卻也傷人。秉持初衷，問心無愧，讓良善一點一滴逐漸成為河流。過程中，難免遇到亂石阻礙，卻無法阻擋這股助人之水的去向。

深深欣賞與欽佩神老師長期以來，面對特殊需求孩子以及家庭，那不求回報，如俠女般的熱情、仗義直言與執行力。

這一切付出不為了掌聲，只願能在適當時間與特殊孩子的需求相遇，並給予協助。

閱讀神老師的故事，願社會每個角落都有一位神老師，讓特殊孩子的未來，如大海般寬闊。

【推薦文】

善良的神老師帶給人們巨大的能量

余懷瑾（仙女老師）

神老師是個勇敢的人，她的勇敢來自於媽媽。從小媽媽教她待人如己，善良是她強大的底氣。

我的學員經常問我，怎麼樣可以克服上臺的緊張？怎麼樣面對觀眾的目光能不畏懼？

凡事只看到自己，要踏出第一步並不容易，把視野拉高，想想看你能夠幫助哪些人、能夠解決哪些問題。心態調整就能夠擺脫扭捏，義無反顧；利他能為自己帶來勇氣，也能為他人帶來能量。

什麼是利他？

第一，利他能提升他人的福祉。神老師為所當為，當仁不讓，為弱勢提供物質援助，也發文讓社會大眾看到底層的需求。

第二，在利他的行為中，意圖比結果重要。充滿善意的付出，即使失敗也值得讚頌。酸民略過她的良善攻擊她，明白她的初衷的，是長期追蹤她的廣大粉絲們。

第三，利他的行為可能會造成行為者自己的損害。神老師在女兒入學被剝奪受教權後，開始對外演講。早期的她含淚演講，自揭瘡疤，為了讓更多老師了解如何協助特教學生。她化小愛為大愛，著眼為數不多、能力與資源匱乏的弱勢孩子，直到現在演講四百多所學校，幫助老師們就能幫助特殊生，無論是教學心態或班級經營，一個都不能少是她的教育核心。

我曾經為女兒在高中期間爭取助理員時數，遭受教育局特教科科員以「無限上綱」形容，科員毫無同理心的措辭讓我大感驚奇，匪夷所思。無怪乎神老師在二〇二二年「推展ＣＲＰＤ融合教育相關議題座談」會議中，痛陳特教孩子透過數據量化在立法與預算上更顯弱勢，政府官員們能感受特教家庭的無助嗎？

神老師畢竟是神老師，她早在二〇一九年就運用自己的力量募集點讀筆，提供全臺特教老師適切的工具協助弱勢生學習。經濟弱勢家庭缺乏喪葬費，她的發文引發大眾捐款，讓阿嬤能安葬女兒，也持續用這筆款項帶孫子生活。花蓮早療中心缺少一輛早療車，她寫一篇文章幫助早療中心圓協助遲緩兒的夢。

她能苦孩子所苦，苦師長所苦，這等胸襟與行事多麼偉大。她真的神，是女神。

我喜歡這本書的書名《善良是一種選擇：只想做有意義的事，不活在別人眼光中》，一如神老師做的事，選擇善良，意義無價。她教我們輸出愛，在別人的需要做有意義的事，每一則故事都是動人的篇章。

【推薦文】

始終相信，做公益會帶來更多幸運

吳克己（安德尼斯烘焙坊經營者兼麵包師）

非常榮幸在第一時間拜讀了神老師的新作《善良是一種選擇》。每讀完一個篇章，腦袋裡總是能回憶出許多的畫面，相當清晰與深刻。

我是因為烘焙認識了神老師，並且被她熱衷烘焙且愛好教育工作的那股熱忱感動，往往一早起來看見她的文章熱淚盈眶，感動到內心深處。我想真的要有這樣的體驗，才可以享受更不一樣的人生吧！

三年前，我寫了一封信給神老師。我想用一道神老師的食譜製作出麵包，在我店裡銷售。因為食譜出自神老師，所以我將之取名為「神老師的蛋糕吐司」。我將這樣的想法與她溝通，並希望將銷售所得的一〇%用於公益。沒想到電話另一端的神老師一聽到，馬上大叫：「好呀！這樣太棒了！」

回想起來，我相信她應該是開心在公益這條路上遇見了好的夥伴，可以認同她這幾年在做的事情；我們也確實每年可以準備一筆不算太少的費用，用於學齡兒童的協助與贊助。也因為這樣的緣分，結識了更多想回饋社會的朋友。

一道食譜，一塊麵包，一段公益，最後會造就出什麼樣的奇蹟？我們非常期待。

二〇一三年，我曾經協助高雄那瑪夏鄉的部落改造計畫，將手上的烘焙技術傳授給他們，也希望藉由自己的雙手慢慢做出部落的特色，並將部落市集改造成社區麵包店，名為「深山裡的麵包店」。

當初只是想協助他們解決因為天災所造成的糧食問題，卻也因為這個公益計畫，我們慢慢改變了彼此的人生，讓部落多了一條可以選擇的道路。我也收穫到許多經驗，漸漸發展出更多不一樣的公益計畫，結識許多不同領域的專家，讓我的人生添加了更多的光彩。

必須說，從那場公益開始的這十年，是我人生經驗最豐富與最精彩的片段，並且還在進行中。我也常常思考，這一切都讓我獲得了更多的幸運。

我記得山上部落的孩子曾經對我說：「我以後也像跟你一樣成為一名優秀的麵包師傅！」原來自己一點點小舉動，無意間成為了孩子心中的明燈。就如同書中一章的標題：我們做了一點點，讓孩子大大改變。

神老師會定期給予山上部落偏鄉的孩子上課用的物資與書籍。不管多遠的距離，我們的心意都像是對待自己孩子般的呵護；我也相信我們是幸運的那群人，要將這樣的好運帶給更多朋友，社會才會有更多的善緣。

公益是一場停不下來的慢跑，接著我也去了廣東省偏鄉募資經費與捐贈物資，帶領我的學生做麵包與蛋糕，與更多需要的朋友分享我們的心意。

夜深人靜的時候，我還是會想起那些孩子一張張稚嫩並掛著喜悅的臉龐，那無邪天真的笑容，真的是我們最好的精神光芒，照耀著我們。

《善良是一種選擇》這本書，絕對不是神老師的紀錄片，而是開啟更多人參與公益活動的一把鑰匙。相信我，讀完這本書，絕對會獲得更多的啟發，帶來更多不一樣的思維。

要跟我們一起嗎？

【推薦文】

分享也是一種行善的力量

沈慧蘭（賽車手殺手蘭）

每天早上，我就像多數的鐵粉一樣，第一件事就是拜讀姐姐的文章。從教育、婚姻、夫妻和青春期少年的相處之道，甚至是媲美美食部落客的各式食譜，每天就像拆禮物，期待著姐姐分享不同的文章來灌溉心靈農場。

有時被姐姐的神來之筆逗樂，有時因為特教生和學生們無奈的處境感傷，但不變的是，文章裡那滿滿的感動和勸人為善的正能量。每天都會因為這些文章提醒自己要成為更好的人，在行有餘力之際，可以像姐姐一樣對社會和弱勢團體盡一份心力。

就像書中說的，善良是一種選擇。閱讀一本充滿正能量的好書會帶來向善的氣場，而把一本好書分享給最重要的人，也是一種行善的力量。

【推薦文】

這道光照亮了所有人的心

孫中光（臺灣自閉兒家庭關懷協會理事長）

二〇一七年是星兒工作坊成立的第一年，創辦之初非常艱辛，幾乎每個月都是拿薪水一部分來墊支。那年暑假，某日中午從學校回工作坊看看孩子們午餐吃了沒？菜色內容如何？一進門，看到一位訪客拿著筆記本一直不停的寫，好像很好奇沒有看過這樣的工作坊。教保老師向我介紹，她是基隆來的沈老師，稍微招呼一下我就進辦公室忙了，此事也沒放在心上。

過幾天，一位花蓮特殊兒的家長打電話跟我說：「孫爸，你這兩天訂單爆量吧？」

「奇怪，你怎麼知道？」

「你臉書搜尋神老師，記得是神仙的神喲！」

就這樣，我成為神老師的忠實粉絲。

哇！竟然會有一位老師願意如此捍衛孩子，不僅如此，她還關心到這些孩子的家庭與生活起居，還走進教養機構給孩子們帶來禮物。而她也是一位特殊兒的母親，每天看著她的文章，我一直很擔心她會受到排擠，甚至考績應該是年年划龍舟吧！因為一樣是在國小服務，我很清楚她會遇到什麼樣的困境，私訊中才更加了解，她根本沒有在在乎這些的啦！

這實在太強了！絕對不是一般老師或公務員能做到的，沒有想到，竟然有人和我一樣划了好幾年的龍舟，因為我們都要帶孩子跑早療課程，如同是原罪般，不過卻心甘情願。

孩子早療課程跑完了，理應會好好珍惜，乖乖做好所謂「份內工作」，立志拿甲等，至少一般公務員或老師一定會這麼做的，但她卻不是這樣，而是拚了命的為這類孩子奔走，請假到全臺各地跑透透，擔任研習講師，提醒聽講老師要注意關心身旁孩子的一舉一動，更在臉書上不假辭色的呼籲相關單位要重視特殊生的受教權。真的替這位還在第一線教學的老師捏把冷汗，所以她考績繼續划龍舟也是命中注定。這就是神老師，為孩子從不畏懼任何壓力，即使撞得頭破血流、遍體鱗傷也毫不在乎。

書中每個章節、每一則故事都是如此打動著人心。例如〈多給一些機會與可能〉這篇所提到，對特殊孩子的確需要如此給機會，發現自己孩子使用點讀筆而突破障礙後，神老師不是只單純的為自己高興而已，她想到的卻是一群需要這樣輔具的孩子。一位非特教老師竟然想都沒想，就直接打電話給特教科科長，這個被打槍的機率是很高的，但這就是神老師，如此單純的為了孩子不懼一切。

另外，神老師看到許多弱勢需要幫助的孩子與家庭，她都會義不容辭號召大家來幫助這些角落中的孩子與家庭。這就是神老師，愛孩子知道要從改變孩子家庭著手。

今天如果沒有神老師在臉書上多次發文告訴大家，在臺東有這群星兒努力的想靠自己的力量養活自己，「非愛不可星兒手作工坊」也不會有那麼多人知道，可能還是一天賣不到十包米。

這道光照亮了角落中的孩子，這道光照亮了陰暗中的家庭，這道光照亮了所有人的心，這就是神老師所做出有意義的事。

【推薦文】

當生命賦予我難題，我只想做有意義的事

陳怡嘉（女王的教室）

每個人出生都有不同的課題，身處弱勢家庭，身為弱勢孩子，都是人生之重；除了父母家人之外，身為老師是第一個幫忙承接痛苦的人，然而善良還需要毅力、智慧和勇氣支持，一切又談何容易？

神老師一直是眾人的典範：她每日凌晨四點起床寫作，日更不止，從未間斷，她用神毅力告訴你「即使沒有國文底子，但苦練也能出五本書，按讚數篇篇上萬」；她勇於面對身為母親的難關，為了發展遲緩的女兒費盡心思，硬是在痛苦中開出燦爛的花來，不僅考取烘焙師證照，還不時分享美味食譜、夫妻相處，用神智慧把家庭經營得幸福美滿；她沒有在難題裡自怨自艾，沒有被生活人事裡的惡意打倒，反而將心比心去體察更多弱勢族群，堅

持行善的各種可能，即使因此遭遇批評依然勇往直前，點燃了大家心中的光，這是神勇氣。

我一直相信人性本善，一直相信即便生命不乏黑暗的死蔭幽谷，但也會有一道光照亮前方的路，只要願意往前走，終究會把黑暗走完，走向光明的地方。而那道光，是我們良善的本心，是我們承接過前人的愛而有的底氣，也是身旁提燈的人給予的勇氣。

這本神作鼓舞我們：當生命賦予我難題，我依然可以為自己、為眾人做有意義的事，這樣的人生才不虛此行！

目錄

Part 2 看見需求

Part 3

大家都是神老師

Part

4

轉個彎，找到光透進來的路

【自序】
人生不虛此行

我是一個還滿執著好強的人。人生的每個階段都有想完成的夢，我就會傾盡全力去完成；想做一件事，會不斷不斷的練習和努力；遇到困難，就想辦法解決，直到學會了、滿足了、完成了，再往下一個目標前進。

我家妹妹的復健，從她十個月大開始沒有停過。跑語言治療四年、中耳開刀四次，直到她說的話有人聽得懂；練體操練了八年，讓她從中度肢體障礙到可以跑跳體操比賽，我才甘願。她看不懂字，我去研究點讀筆，把課本變成有聲書，也希望讓更多孩子因此得到幫助。最近四年來，和網友們一起捐了上千組點讀筆給許多學校，讓願意幫助孩子閱讀的老師可以好好活用。

我每天凌晨四點起來寫文章，每天寫一篇，持續了近七年，沒有一天間斷。之前大學聯考國文沒有考到低標，現在的我卻出了第五本書。

帶妹妹做復健其實很難獲得成就感，於是我看書、看影片、看網友的分享，每天花至少五個小時做麵包和蛋糕。從烘焙中，我得到了一些成就與安慰，可以支撐自己去面對陪伴妹妹復健的辛苦。就這樣練了五年，我考到兩張丙級烘焙師證照。

因為看到學校裡低收入戶的孩子穿著開口的鞋子，我的教室曾經收過幾百箱二手衣鞋，透過輔導老師的幫忙讓校內弱勢孩子能有衣鞋穿。我跑安置機構、育幼院送衣服鞋子，媒合了上百位網友寄出衣物給各機構。

當發現資源班常面臨經費不足、輔導老師需安排諮商卻沒有經費的問題，我決定接業配，將收入全數捐給各校資源班與教育儲蓄戶。也因為身為特殊孩子的媽媽，希望有更多孩子被社會公平對待與接納，於是我全島各校跑透透，進行融合教育的演講。

總是與我們學校的輔導老師一起想辦法安置弱勢孩子，讓他們在放學後能到安親班完成作業，就這樣持續了六年。去年接了這個班之後才知道，我們班上好幾個孩子從一年級開始接受我們的安置，現在他們在課業、情緒上都表現穩定。

那天，我跟輔導老師說：「我好佩服你，你實在太有耐心了，竟然可以花這麼多時間去關懷孩子的阿嬤們。我覺得我像個過動兒，每天有好多事情想做，要靜下心來好好聽阿嬤們訴說心裡的苦，實在做不到。」

輔導老師說：「我覺得你才厲害，能跟這麼多單位聯絡，媒合捐款，還跑這麼多地方去跟陌生人接觸，並承受了這麼多壓力……」

我想，其實我和輔導老師都做不了對方負責的那些事，但我們都在盡自己的力，並分工合作幫忙了許多陷在困境裡的孩子。這就是我們一直在做，也一直覺得對的事！

我從來沒有沉溺在痛苦和失敗中，從來不會怨天尤人。如果做法不對，檢討、反省、修正之後再重來就好。卡住了，就想想解套的方法；失敗了，用另一個方法再試試；難過了，到海邊痛哭一場，擦乾眼淚繼續努力……

我始終認為，盡責，就是用一個人最大的能力，承擔負得起的責任，做能做的事，想辦法解決發現的問題。

我有這麼多大家給我的資源、這麼強大的能量，我就盡全力做到我對社會的責任。

其實，還有好多想做的事沒做完，現在腦子裡一直轉著的是：我還能做什麼？

有時候我覺得自己走的是天堂路，看不到終點，但是好多人在路上等我，遇到困難時拉我一把、扶我一下、陪我走一段，或讓我喝口水喘一下，給我很多力量讓我能夠走下去。

我好喜歡我的人生，這麼有意義，不虛此行。

Part
1

善意的開始

不是刻意要成為誰的光，
只是期望提供的那一點點幫助，
可以讓人多點生存的可能與希望。

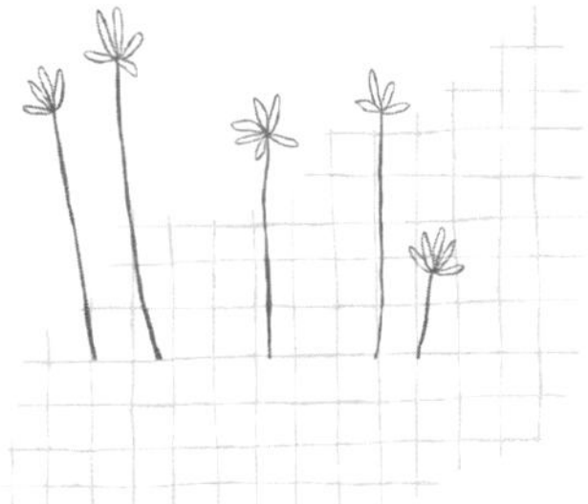

1—1

所有責任都是自己選的

在網路上看到一個故事，給我的感觸很深。

有位女士問路邊一位賣蛋的老人：「蛋怎麼賣？」

賣蛋老人回說：「一個蛋五盧比。」

她對老頭說：「那你六個蛋算我二十五盧比，不然我不買了。」

老頭回答道：「好吧！就照你說的價錢吧！你是我今天第一個客人，我一個蛋都還沒賣掉。」

她買了蛋，對於殺價感到一股勝利的快感，然後開着豪華轎車和朋友去一家高級餐廳吃飯。她和朋友點了很多菜，吃不完還剩了一堆。結帳時，帳單是一千四百盧比，她付了一千五百盧比還說不用找了。

在餐廳發生的事，對餐廳老闆來說可能稀鬆平常，甚至有可能嫌一百盧比小費太少，但是對於那位可憐的賣蛋老人來說，少了五盧比可能對他來說就必須少吃一餐，甚至連搭車的錢都不夠。

我們常常尊重富有的人，卻看不起那些拚盡全力賺錢養家的人；我們常對富有的人慷慨，卻總是對窮苦人錙銖必較。

我想起小的時候，我家附近常有一位身形佝僂的老人來賣菜。老人為了省車錢，每天用變形彎曲的雙腳，走很遠的路到我家這個社區來，他常把扁擔放在我家門口問：「買菜嗎？」

我媽媽總是會把他簍子裡所有的菜都買回家。他的菜非常醜，常常被蟲咬得到處都是洞。我那時年紀小不懂事，常問媽媽為什麼要買這麼醜的菜。

媽媽說：「老人家很辛苦，我們把他的菜買完，他就可以早一點回家。菜很醜沒關係，那表示他沒有用農藥，挑一挑就好！」

那一大堆菜常常挑完之後只勉強夠吃一餐，可是只要老人家來叫賣，媽媽就會出去跟他買菜，並倒杯水給他，有時還會準備一些糕點讓老人帶走。

國中時，有個同學是單親，他的媽媽生病過世了。他午餐常常只帶一大盒白飯。我跟媽媽說他的便當裡沒有任何菜，媽媽知道後都要我多帶一盒菜，並交代我要拿去蒸，蒸好後再靜靜放在同學桌上就好。等他吃完飯，我再去把便當盒拿回家。

那位同學可能是尷尬或愛面子，我們從來沒有討論過便當的事，他也從來沒跟我說過謝謝，我就這樣帶兩個便當上學，帶了三年。

其實我家小時候並不富裕，六個孩子的學雜費、生活費常常讓媽媽傷透腦筋，家裡還曾經負債幾百萬。可是，媽媽一直都是這樣善待著貧困、辛苦的人，她以身作則的讓我們看見，很多事情不應該看身分地位，即便自己捉襟見肘，也要盡力做到對人慈善，努力從我們辛苦的生活中送出一些關懷。她永遠用善意對待每一個人，心中包裹著對人的尊重和體貼。

從小看著媽媽為了錢奔走忙碌，但她總是挺直背脊，努力解決錢關，想辦法開源節流。對待不明理的人，她會毫無畏懼的以理回應；對來找麻煩的人，她也會怒吼回去。

媽媽小時候因家中經濟拮据無法就學，年過半百的她仍踏進校園讀國中夜補校，並持續下去完成了空大的學業。

媽媽總是辛苦經營家裡的貨運生意，還要操持八口人繁重的三餐、家務，但她仍在困苦中持續對他人釋出善意。她常常跟我們聊到身邊辛苦的人，她說雖然我們過得不富裕，但是有吃有穿有住，還有很多辛苦的人是三餐不繼的狀態。她要我們不能奢侈浪費，看到別人需要幫忙時，要毫不遲疑的伸出援手。

媽媽的身教就是給我最好的教育。我一直期許自己要和媽媽一樣，**不管身處什麼困境，都能夠用善意來對待他人。**

在我家妹妹剛入學時，遇到很多讓人傷心難過的事，又沒有人可以說，我只能把心情寫在文章裡。

有一陣子情緒非常低落，幾乎快要活不下去，心裡滿滿的負面思緒，常一邊寫一邊哭，寫出來的文章當然充滿絕望。

當時有一位網友告訴我：「你算是一個公眾人物，應該要有社會責任，不該放送這樣的情緒影響大家。」

我從來沒想過自己能有這麼大的力量，一個四十幾歲的歐巴桑哪有資格當網紅？我只不過是書寫自己的心情歷程，有什麼社會責任？一個在教室裡沒有頭銜的班級導師，到底能夠做些什麼？

但是，那位網友的一番話給了我很大的提醒。如果透過我的分享，可以讓更多人注意到這些需要幫助的孩子，了解特殊孩子從小辛苦復健的過程，了解父母陪伴的心路歷程，看到家境貧困孩子的困境，是不是能夠讓更多人改變想法，進而願意去關注、幫助這些辛苦的人？

好多年前，有一個孩子的媽媽過世，孩子的阿嬤連喪葬費都付不出來。沒想到我當時寫的那篇帶著遺憾心情的文章，讓大家願意捐錢給阿嬤，不僅幫助她能好好安葬了女兒，直到現在仍靠那筆錢帶著孩子生活。

三年前，花蓮早療中心缺少一輛早療車，揪大家投票向財團申請經費，得票數雖然遠遠勝過其他單位，受到補助的卻不是早療中心。我當時寫了一篇文章請大家幫助偏鄉孩子的早療，因此募到了六十幾萬元，讓早療中心能買一輛車，讓偏鄉的孩子受到幫助。

二〇一九年十一月，有兩位罹患罕見疾病的兄弟受到病痛折磨，他們只能拔掉牙齒才不會把自己的嘴唇吃掉，可是如果要動手術讓孩子不會繼續傷害自己，需要花費上百萬元的手術費。這筆費用讓這對兄弟的父母坐困愁城。那一次，我們一起替他們準備好開刀的費用。

每一次有我想要做的事，就有這麼多的網友、這麼龐大的力量來支持我，一篇文章，一次號召，就能夠讓辛苦的阿嬤、困苦的家庭、無助的孩子得到幫助，我這才發現什麼是我該負的社會責任。我當然更應該善用自己的影響力，利用這個平臺去完成更多有意義的事。

所有的責任都是自己選的。「神老師」這個稱呼是一個包袱，是一個責任，也是一種肯定，是一股強大的力量。很希望每個人都能成為別人心

中的「神老師」。

我想這就是當時網友提醒我的社會責任，透過我的文字能讓更多人看見這個社會的需求，並一起承擔我們能夠擔得起的責任。

1—2

行善的起點

妹妹兩歲的時候，因為肌耐力不足，所有發展都遲緩。她行動力差，說話模糊聽不懂，各項能力都很差。第一次發展評估時，治療師建議我們讓她去上幼稚園，說有孩子互動學習會很有幫助。

問了好多間幼稚園，都不願意收這個有中度障礙手冊的孩子。最後我們找到一家願意收，真的是感激涕零，就連之後幼稚園結束經營，我們也跟著園長到新的園址去。為了送她去新的幼稚園，我每天得開車翻一個山頭，早上要提早半個多小時出門。

那條山路除了幾位少數晨走運動的人以外，幾乎沒有人車經過。我每天就這樣開車在這條山路上，有時看著沿路的山和樹，聽著歌；有時心情不好，就打開車窗吹風，沿著山路哭也不會有人看到。我很愛開車就是因為這樣，沒有人會看到我的脆弱。

有一天在去幼稚園的山路上，我看到一對老夫婦倒臥在路邊，嚇了我一大跳。我趕緊下車查看。

原來是一位老伯伯騎車載著太太經過滿地都是砂石的轉彎處，不小心打滑摔倒了。我趕緊看看他們的狀況，打電話叫救護車，也問了老夫婦家人的電話。聯絡上他們的兒子之後，我陪他們等救護車到，才帶妹妹去上學，接著趕去上班。

後來我到醫院探視他們，看到他們動了手術，整個病房裡都有親友圍繞陪伴就放了心，久而久之就忘了這件事。

過了幾年，我們學校裡有一位單親媽媽帶著阿嬤和孩子生活。因為家中負擔重，這位媽媽每天早出晚歸，兼了好幾份工作。

有一天，這位媽媽昏倒了，在加護病房喪失意識一段時間。年輕貌美的她，才三十幾歲就這樣走了，留下年幼的孩子和老媽媽。老媽媽想把女兒帶回故鄉安葬，但完全沒有積蓄處理女兒的後事。

於是我發了一篇〈美人媽媽走了〉的心情文。當天就收到一個訊息，原來是幾年前在山路上遇到的那對老夫婦的媳婦，她主動跟我聯絡，說他們想捐五萬元來幫助老媽媽。

這件事讓我超感動。原來，在我需要幫助的時候，幾年前種下的善緣會回過頭來伸出援手。

那一次，我回訊息回了整整三天，還有好多人也捐款幫助這對祖孫度過難關。老媽媽得到善款幫女兒辦妥後事，剩下的錢也讓祖孫倆撐過這幾年的生活。

直到現在，孩子都畢業好多年了，輔導老師仍會持續關懷這位行動不便的老媽媽，並定期送物資到她家裡，也會送鞋子、衣服給孩子。她上次還拍了孩子試穿鞋子的照片給我看。

風雨困頓之中，可以見到真情。

我始終相信所有的事情都有因果。**報應不一定在當下，很多事情的發生當下想不透，過了幾年回頭來看才能了解，付出累積的善緣總有一天會回到自己的身上。**

至於什麼時候回來？用什麼方式回來？老天自有安排。

1—3

只想做有意義的事

我是從我家妹妹入學被剝奪受教權才開始出去演講的。妹妹被禁止上課的那段故事，原本是我到學校演講的主軸。我把痛到差點放棄生命的經歷一遍又一遍挖出來談，想要讓聽講的老師們知道，即使是大家眼中一個極差或中度的孩子，僅僅是被放在班級之外、僅僅是上課時被無知的老師歧視，也會讓媽媽痛到骨子裡。

每每講到那一段，我的喉嚨就發緊，任由眼淚流下，哭到哽咽，面對幾十位、幾百位不認識的老師們流淚。我這樣一個剛強的人遇到孩子被惡意對待，卻變得如此脆弱，是多麼難堪的事。但是我從來不忍耐，我想讓大家看到的，是一個受傷的媽媽的真實感受。

每一場都有好多老師、好多家長陪我一起落淚。不斷有老師告訴我，那一場演講改變了他們很多想法，讓他們了解到特殊孩子的辛苦，並重新思考對待孩子的方式。

哭了一百八十幾場，突然有一天，我不想再掉眼淚了。

我想要傳達的，不再是被傷害的痛苦，而是分享更多該如何接納和幫助班上那個可能會被霸凌、被忽略的孩子。我想讓更多老師知道，即使狀況連連的孩子，我們也能想辦法讓他改變。

之後，我更改了演講內容，放下了那段讓我哽咽落淚的經歷。我想把那一段留在心裡。

前陣子有網友特意傳訊息來給我，說他們都覺得我應該真正的原諒對方，才能放下；他們說我應該低調一點，當老師這麼高調會引人非議。但其實我這麼多年來不參加任何群組、不向任何人訴苦、不參加聚餐、不聽任何八卦聊天，就是不想聽到這種自以為是的討論或建議。

我不想放下，不想原諒一個從來沒有道歉、從來不覺得自己錯的人。

我不是聖人，沒辦法忘記在教評會上他辯解硬拗的那張臉；沒辦法忘記他嘴唇顫抖的說我家行動自如的妹妹就是不能上體育課！

那一刻我才明白，有些人你不重重提醒他，不讓他真實體會你的感受，他不會了解和改變。

我就這樣走了四百多間學校，努力宣揚融合教育，為妹妹找到方法，捍衛特殊生的權益。我也持續為弱勢的孩子尋找資源，我的腳步從來沒有停下。

不再當做講題，不是忘記了，而是**我決定為自己而活，不活在別人的眼光，也不糾結在別人的嘴裡。**

生命可長可短，人生不知道什麼時候會結束，接下來的每一刻，我只想做我覺得有意義的事。

1—4

看著，就學著了

我小的時候，媽媽總是很忙，從來沒有教過我們煮菜。她一邊忙著貨運行的聯繫工作，趁著接電話的空檔，在辦公桌和廚房兩邊跑，一邊準備八個人的晚餐。

其實爸爸也在的，但是他常常跟在外面塞車、遇到很多問題的司機們講個三句就吵起來，媽媽只好把所有事情攬在身上，忙工作、洗衣煮飯、家事、照顧庭院裡一個小花園、養了一條狗。因為爸爸脾氣壞，六個小孩惹了禍、有了困難，媽媽也是一手處理包辦。她都早上五點多起來一直忙到晚上，一刻不得閒。

國高中的時候，名列前茅的姐姐們都在學校讀書讀到很晚，我一放學就回家，最喜歡站在廚房看媽媽炒菜，加油熱鍋、下蒜頭爆香、炒肉片、加些青菜、調味……媽媽沒有空解說，我就站在旁邊打下手，洗菜、切菜，在媽媽臨時得去接電話時幫忙炒兩下……看著一道道熱騰騰的菜上桌，有時還能偷吃兩口。

離開家裡之前，我從來沒有真的炒過菜，有了自己的家以後，必須餵飽孩子，才發現自己常常炒的菜、煮的湯、處理食材的方式、做菜的步驟，都遵循著腦中的記憶。

陪媽媽煮飯時，也會聽到媽媽解決司機們在轉運貨櫃時聯絡溝通的方式。爸爸和司機講沒兩句就開始吼，但媽媽接過電話後會詢問幾個問題，給氣頭上的司機解決方法。爸爸還在旁邊怒罵時，媽媽三兩下就解決事情了。

遇到客戶刁難，不能得罪客戶，又不能一直忍讓，為了養活一家八個人，龐大的房貸讓她不能放棄任何一個客戶。我常常聽到媽媽有智慧的對話，又是安撫、又是讚美，還堅定著自己的立場。

或許因為在學校裡我不需要靠誰吃飯，沒有利益關係，所以媽媽說話的藝術我從來沒有學會和參透，人際關係處理得一塌糊塗，還承襲到爸爸的壞脾氣，倒是堅定自己立場這點學得很透澈。

前面提過我小時候有個常挑菜來我們社區賣的阿伯，他的雙腿都變形了，總是在假日從瑞濱坐公車到山下。以他走路的速度，從山腳下走到我家，一邊走一邊賣，至少要走兩個小時吧，走到我家都快中午了。媽媽總是捨不得他在烈日下繼續賣菜，會把他菜簍裡剩下的菜全部買下。我每次挑阿伯賣的菜都會挑到很想哭，好多菜蟲，還問媽媽為什麼買這麼醜的菜？媽媽對我說，阿伯很辛苦，讓他趕快賣完就能回家休息了。

很多生活觀念和對人的態度、做事的方式，媽媽不用刻意教我們，那幾年的耳濡目染，媽媽對人事物的尊重與態度，都深植在我們幾個孩子的心裡，影響著我們的為人處事。**我想，直到現在我看到需要幫助的人，都會直接去想我能夠幫上什麼忙。或許我只是伸出一隻手，對方就能得到想像不到的解救。**這些不吝於幫助人的想法，多少是傳承自我媽媽吧！

很謝謝我的媽媽，讓這世界多了些溫暖的光。

1—5 多一點善良

替阿偉打包飯菜時，我把獎勵學生的蛋糕留了一塊給他，連同早上蒸的一塊黑糖糕一起放進袋子裡。

放學前，全班在整理書包的混亂中，我看見阿偉把那一小塊蛋糕拿起來，細細端詳。然後他咬了一口，慢慢咀嚼，再把蛋糕包好放回袋子裡。

我問他：「那麼一小塊蛋糕，你還要分兩次吃嗎？」

孩子說：「蛋糕實在好好吃，我吃一半，一半要帶回去給阿嬤。」

隔天，他特地來找我，問我另一塊糕叫做什麼？我說那是黑糖糕。

他說：「老師，我以前沒有吃過黑糖糕，真的好好吃，好好吃，謝謝老師……」

我常聽到孩子們說我做的甜點好吃，卻從來沒有這樣感動過。蛋糕、黑糖糕、餅乾……這些都是我常做給學生吃的點心，孩子們都習以為常，不會發出這樣的驚嘆，也不會覺得特別。他們生活無虞，見怪不怪，不會這樣凡事想到跟我分享。我一直在想辦法鼓勵孩子，他們卻常常忘了感謝。

為孩子付出不難，難的是教孩子懂得一切不是理所當然；給孩子充沛的物質生活不難，難的是教孩子懂得珍惜所得；給孩子滿滿的愛不難，難的是教孩子懂得感恩和體貼。

阿偉的阿嬤真的讓我敬佩，可以在這樣困苦的生活中，把孩子教得這麼好，懂得感恩和珍惜。

之前在社群上寫了這篇阿偉阿嬤的故事，立刻就有朋友傳訊息來，說要幫助阿嬤。

我徵詢了阿偉阿嬤的意願，當時她是婉拒的。她說雖然他們只能靠政府補助，日子還過得去。我告訴她，養一個孩子要花的錢真的很多，可以把多出來的錢存起來，留給孩子之後讀書用。阿嬤聽了淚流滿面，最後才願意把帳號給我。

阿偉阿嬤特地到學校來，跟我說收到朋友們匯給她的善款，真的感激涕零。她要我跟朋友們說，很感謝大家的善心，但是請別再匯款給她。她說收到的每一筆錢，都讓她覺得好愧疚，那是每個人辛苦賺的錢，她沒理由這樣收下。她說那是她們祖孫該過的生活，一直以來也都這樣辛苦的過著。

她也感謝我總是替她打包多出來的營養午餐，讓他們一家不用為了晚餐煩惱，可以溫飽。

我抱著泣不成聲的她，跟她說，錢不是要給她的，是要給孩子的教育基金，請她替孩子存起來。現在有我們在她身邊，可以一起照顧孩子，但是等我們都沒辦法陪著時，請她支持孩子繼續讀高中、大學，等到孩子長大、有能力的時候，也會懂得回饋社會。

阿嬤說她不識字，不懂得教育孩子，在這樣困苦的環境裡，只希望孩子不會學壞。

我告訴她，孩子拿到蛋糕第一個想到她，吃到好吃的黑糖糕會專程來跟我道謝，能教養出這樣一個懂得感恩又善良的孩子，她已經盡了全力，而且做得超讚！

看到阿嬤老淚縱橫，還對我九十度鞠躬，我也跟著紅了眼眶。不知道辛苦了一輩子的阿偉阿嬤，到底什麼時候才能過上好日子？

神老師沒有辦法再多幫忙什麼了，受如此大禮真的讓我承受不起。

剛帶班時，每天的營養午餐只要有多出來的，我都會要求孩子必須分完、吃完，盡量不要剩，但沒想到之後看到多出來的菜，居然會感到開心。要求已經吃飽的孩子吃多出來的菜，還吃得心不甘情不願的，不如把這些分享給有需要的人，讓他們可以一家溫飽，更有意義。

某日下午，我將收到的一箱白米載到阿偉家，阿嬤連聲不斷的要我向大家說謝謝。在此也代阿偉阿嬤向每個曾經伸出援手的朋友們，致上最真摯的感謝。

其實，不只是阿偉阿嬤，在我們的身邊一定都有需要幫助的朋友。每個人付出一點點，就能讓這些辛苦的人好過一些些。

我一直相信這社會是善良的。讓我們一起少一點批評，多一點關懷和付出，世界自然就有更多溫暖。

1—6

不要放棄任何一個

看到我家妹妹行動自如、溝通無礙，實在無法想像她曾經是全面性遲緩、全身肌肉無力的孩子。我和工程師（我先生）是費盡多少心力才讓她踏出第一步，讓她說話有人聽懂。

看到我的小妹沈慧蘭（殺手蘭）上節目時光鮮亮麗，試駕超跑時無比帥氣，完全看不出來她曾經大病一場，從鬼門關爬了回來。

看到我弟弟電競說書人Vocal拍的一張張美到讓人嘆為觀止的照片，看似到處玩耍，根本無法想像他常常得蹲著、等著、忍著，克服許多困難後才能得到一張景致絕美的照片；他必須在工作上盡心，才有時間和旅費去做想做的事。

想要在人前過得漂亮、從容自在，背後需要多少的努力和堅持？

受關注的人或許沒有特別優秀，但是毅力絕對非凡，抗壓性強大，或許就是因為能忍受孤單、忍受痛苦、忍一般人所不能忍的一切。

就像許多人說的，要看起來毫不費力，得先經過多少努力？

前陣子看到有人寫說，不懂神老師為什麼可以紅？

我也想過很多次，思考很久，像我這樣一個即將邁入五十歲、外貌平凡無奇、聲音沙啞難聽、沒有豐功偉業的人，到底憑什麼？我何德何能可以有這麼多的網友支持，號召力強大？

從二〇一五年至今，這個粉絲頁快滿七年了，完全從零開始，我不知道要怎樣才能讓粉絲增加、讓觸及率提高，沒有買過廣告，這個粉絲頁也沒有灑狗血的八卦，憑什麼可以有破萬的讚？

我沒有網紅的任何一個特質，只是堅持了七年，每天早上四點半起來寫文沒有間斷。我只是憑靠著意志，盡可能的做到我能做的善意、承擔我能承受的責任、善用我的影響力和大家一起為孩子付出，並不斷想著我還能為這些辛苦的孩子和學校做些什麼。

在七年前成立了粉絲頁，原本只是單純分享帶妹妹早療的心情和過程，意外的發現很多人和我有一樣的經歷。

我的坦白和受挫，讓許多父母感同身受，也給了很多無助的家長方法和經驗。我發現自己的分享能夠幫助很多人，也能透過所受的苦提醒許多老師，不要因為孩子天生的障礙而嫌棄或放棄任何一個孩子。

我曾經做錯過很多事，衝動的性格讓我成就了很多不可能，也惹來很多麻煩，每一次都很痛苦，常常有想要消失的念頭，但是我從未放棄想拜託所有老師對孩子保有善意的那個意念。

想對所有的老師們說：如果在您的教學生涯中，有遇到我家妹妹，遇到跟她一樣慢、一樣不聰明的孩子，能不能拜託您，不要放棄任何一個？

1—7

站在不同的高度

很多年前遇到一個低收、單親、各項表現都很差的孩子。他非常乖巧，就是不太開口說話，開學幾個月下來，我幾乎聽不到他的聲音。就連下課和同學一起玩的時候，他也只會在旁邊跟著笑，不太說話。

他幾乎天天遲到，問他為什麼，也總是笑著不回答，不管怎麼威脅利誘，他都是笑笑看著我。遲到的孩子要寫成語，他心甘情願的微笑著領了罰寫簿，然後寫得整整齊齊交給我。

有一天他準時到校，讓我好訝異，那是他第一次沒遲到。我找他來談話，發現他的笑容不見了，悲傷的看著我。

我說：「你今天沒有遲到耶！」

他終於開口：「今天媽媽不在家，我自己起床。」說著兩行眼淚就這樣流了下來。

我嚇了一跳，認識那孩子半年，第一次看到他這麼傷心的樣子。

我問他媽媽去了哪裡。他說：「媽媽住院了。」問他為什麼，他只是一直搖頭，說不出口。

我趕緊打電話給他媽媽，果然人在附近的大醫院。

我請了外出假開車去醫院看那媽媽，這才知道因為家暴而單親的媽媽，為了照顧行動不方便的老爸爸和讀國中小的兩個兒子，一天兼兩份工作，早上八點出門，要到晚上十一點才回家。孩子每天晚上等媽媽帶東西回家一起吃，所以早上爬不起來，而早上八點媽媽要上班時才送他上學，當然會遲到。

我想起孩子之前到學校那滿滿的笑容，原來是因為每天可以和媽媽一起走路十分鐘到學校，即使遲到被處罰，他也心甘情願。

那位媽媽是大腸癌第三期。我問她：「怎麼會拖到這麼嚴重了才來住院治療？」

媽媽一邊哭一邊說：「我住院開刀就沒有人可以賺錢養家了。家裡的爸爸和孩子怎麼辦？房租怎麼付得出來？就算兼兩份工作也只剛好夠用而已，但現在我住院，下個月該怎麼辦才好？」

我請她好好治療和開刀，讓我來替她想想辦法。先拿了六千元給那媽媽，她堅持不收。

我告訴她：「這是先借你的，等你出院後開始上班，有多的錢再還我。不然住院期間你有錢嗎？」媽媽只好把錢收下。

我開始替她申請急難救助金，也通報了慈濟與蘋果基金會。慈濟立刻就派了關懷小組到醫院探視媽媽，還到家裡替他們整理環境。

我跟著到孩子家裡才發現，因為媽媽平常忙工作，整個家像廢墟一樣髒亂不堪，廚房流理臺發霉髒汙，整片牆壁都是黑黴。慈濟關懷小組花了很多時間才替他們把垃圾清掉，並將整間屋子清掃一遍。

蘋果基金會的記者立刻到家裡探訪，拍了好幾張破爛不堪的沙發、斑駁壁癌的牆壁照片後，替他們申請募款。我記得一個禮拜下來，他們募得八十幾萬善款。蘋果基金會每個月會撥兩萬五千元給媽媽。

那陣子我去孩子家裡像走廚房一樣。我要孩子學會維持清潔整齊，吃完東西垃圾要每天倒，教他洗衣服、熱菜，帶著他去醫院探視媽媽。

媽媽才出院兩個禮拜就到學校來，拿著六千元要還給我。我請她先留著用，等找到工作再說。那媽媽說每個月有蘋果基金會的補助金已經夠了，我已經幫她很多，不能再收我的錢。

她的身體狀況後來復原很多，原本的工作沒了，得再找新工作。我告訴她現在暫時不愁錢，先好好休息一陣子。

那媽媽說：「趁現在還活著要多賺一點錢，不然我走了，老爸爸和孩子怎麼辦？」她仍堅持還我六千元。

看著她緩步離開的背影，真的覺得好心疼。

我們都以為遲到的孩子很懶惰、沒有責任感，沒想到他只是貪戀和媽媽一起走到學校的十分鐘。我們都覺得這樣沒有爸爸且媽媽很忙碌的孩子應該會很獨立，但是這孩子沒有人教他，幾乎什麼都不會，每天餓著肚子等媽媽深夜回家。我們都覺得孩子應該要自己想辦法完成作業，但是理解力不夠的孩子沒有人教，所有作業當然寫不出來。

也有人說媽媽應該換個工作陪陪孩子。**但有時我們站在自己衣食無缺的位置，完全無法理解別人的無奈。**

那媽媽才大我兩歲，但頭髮幾乎全白，臉上布滿皺紋，那時的她才三十多歲，看起來卻像五十幾歲，背都做到駝了。她沒有亮麗的外表，沒有傲人的學歷和能力，只有乾裂的雙手，真的無法想像他們拚死用勞力也想養活孩子的心情。

誰不想做輕鬆的工作？誰不想把時間留給孩子？當孩子都快養不起的時候，陪伴，只是天方夜譚。

她的辛苦和無奈，不是任何旁觀的人可以理解的，我們能做的，是盡力協助她一起把孩子照顧好，盡責的當好和孩子相遇這兩年稱職的過客，其他就是他們的命了。

這孩子現在應該已經讀高中或大學了，畢業後就沒有再見過他，但有時沒消息，就是好消息。

我常常為了小事煩憂，卻有人為了孩子的下一餐，撐著站不直的身體也要去工作。

站在我們的高度去看，有很多人承受的苦，我們真的不知道苦到什麼程度……

1-8

接住有需求的心

學校的輔導老師常常和我談到學校裡辛苦的家庭和孩子，我們會一起討論要如何幫助他們。

她常常從我教室拿了衣服、鞋子、食物發送給這些孩子。我們向鄰近幾個安親班請託，請他們幫忙安置幾個孩子，讓他們放學後有地方去、有晚餐吃，沒有供應晚餐的，至少有個小點心先墊墊肚子。他們在安親班裡可以把作業寫完，有不會的地方還有老師可以問。

學校附近的安親班都很有愛心，有的減免部分費用，有的則免費接收，和我們一起照顧這些辛苦的孩子。我們也會依照孩子家境給予補助，但是都會讓照顧者付部分費用，這樣孩子才不會覺得反正是免費的，愛去不去。

有一次輔導老師來找我，我們聊起一個單親的女孩。她讀中年級時，家裡狀況很多，情緒很不穩定，一點小事就會哭鬧。但是我驚覺她升上高年級後，情緒控制變好，各方面表現也都不錯，寫出來的作文還讓我很驚豔，寫得好極了！

我告訴輔導老師：「你不說，我完全看不出這孩子在中年級時有這麼多狀況。」

輔導老師說：「我們在她中年級時給了她很大的支持，給她的物資上也包裹了很多愛和關懷。」

這個沒有媽媽的孩子，很需要愛。

輔導老師總是在她鞋子破、衣服太小或太薄的時候，提供她衣物和鞋子，並趁機關心她、鼓勵她。安排她去安親班寫功課，不需要面對回到家後空蕩蕩的房子和飢餓的肚子。在她無法完成作業時，有安親班老師可以教她，還多了安親班老師和園長來關心她……

這孩子的情緒被我們穩住了，她的成績和寫作的優勢慢慢就凸顯出來。

還有一位隔代教養、受過家暴的孩子，他的眼神總是凶惡，防衛心很重，放學後都在小公園和抽菸的青少年玩在一起，直到深夜還不回家。他總是沒辦法交作業，常常為了玩網路遊戲和阿嬤吵架。

之前安置畢業生時，曾帶這孩子一起去參觀一個寄宿學校，孩子決定畢業後也要去讀這間國中，而且願意提早去適應住宿的生活。他白天在我們學校上課，晚上就到國中去吃晚餐、做活動、晚自習、睡覺。

我以為這孩子很依賴阿嬤，適應上會有困難，沒想到他的情緒開始穩定下來，在學校裡和同學的衝突減少很多，作業交了，成績也慢慢拉上來。我好訝異這個改變。

輔導老師說：「這就是生活穩定的神奇功能！」

他的阿嬤為了賺錢養他，必須工作到晚上。他回到家沒有人陪，只能在外面遊蕩找朋友玩，把手機當作命一樣重要。他到寄宿學校去，放學後有老師和同學陪著做活動，晚自習有好的環境讓他靜下心把作業完成，時間到了就吃飯、睡覺。

我們發現，有時這些辛苦的孩子要的不多，陪伴、正常的作息、規律的生活和安定的環境，就可以讓這些情緒不穩、到處遊蕩、在學校衝突不斷的孩子們穩定下來。

一個孩子要多少人一起努力才能穩住？**心被接住了，那些我們頭痛的問題，都不再是問題。**

我和輔導老師發現這些孩子顯著的進步，都很感動，也很感謝。謝謝願意幫忙的安親班園長、老師；謝謝和我們一起資助這些孩子的朋友們。

我們做這些工作持續好多年了，有幾個孩子上了國中，每天放學還是到安親班去，一邊寫功課，一邊當小老師幫忙照顧弟弟妹妹。**這樣良善的循環，就是最棒的回饋。**

有你們當戰友一起努力，我每天都很幸福。

1—9

成為孩子的好運

有一位心疼孩子的老師來訊，說他班上有個孩子，父母都不管，功課不寫，全身髒兮兮，總是遲到，這位老師對於家長缺乏功能感到非常生氣，也很心疼孩子，來詢問我都怎麼反應或處理。

遇到這樣的孩子，我通常會先了解他的家庭狀況，也確實有些父母真的分身乏術，或是自身難保。

我記得有一年帶五年級，才剛開學，有個男生常常遲到，身上有臭味，上課就睡覺。同學說他從中年級就這樣了。

問了這孩子，發現他的口語表達能力極差，一張開嘴就看到滿口爛牙，臭氣沖天。我打了好幾通電話給他媽媽，好不容易某天碰上媽媽工作的空檔才聯絡上。
原來這位媽媽是單親，要養兩個兒子還得負擔房租，每天早上六點就出門，都工作到半夜才回家。
這孩子很想見到媽媽，每天晚上等到半夜，媽媽會帶點宵夜回來，母子三人只有這個時間才能說說話。媽媽每天早上一大早出門，沒有人叫孩子起床，當然天天遲到，生活沒有人幫忙，沒有人照顧，沒有人教他。
五年級的孩子並不是教不會，我開始一項一項教，並訂下規定，要求他起床後要洗臉、刷牙，每天回家要洗澡、洗頭，早上到教室讓我先檢查。數學作業也不再讓他帶回家寫，在學校利用午休教他寫完。
他的年紀剛好和我兒子一樣，我拿了幾件衣服讓他把太小太髒的全部換掉。買了一個鬧鐘送他，讓他學會準時上學，到學校早自習時也讓他小睡一下，上課終於不再打瞌睡。
不要只是責怪家庭沒有功能的孩子。我了解這孩子每天等媽媽回家的愛，也知道媽媽無法調整工作時間的為難。我們可以想想辦法讓孩子學會照顧自己。

當然，有時也會遇到那種只顧自己的父母，我就會先提醒他們孩子在學校的狀況。但是有很多時候，已經到了五年級才想要改變孩子長期放養的習慣，真的很困難，我只好不去期待他的家庭功能，只想著我能在學校做些什麼。我會盡力要求和教育孩子學會照顧自己，而孩子在家中沒辦法做的作業，就讓他在學校完成。

我能做的只是看見並滿足孩子的需要，給予適當的要求和目標，在他們遇到困難時給予協助。

孩子無法選擇父母和環境，無法抗衡與生俱來的命，但我們是孩子的運，透過我們這些過客的努力，也可以創造機會，讓孩子帶著能力去爭取自己的未來。

1—10

期望每個孩子成為善的種子

去年（二〇二一）因為疫情關係，學校的畢業典禮只能在感恩看板前拍照。今年學校終於可以舉辦畢業典禮，雖然家長不能參加，而且流程簡化再簡化，我還是覺得很感恩：我們又平安過了一年。

典禮前一週，我在班上宣布可以上臺領獎的學生名單，看到沒被點到的孩子神情落寞，其中有些孩子平時也很認真，只是分數差一點點就錯失機會。於是我和工程師聊到這件事，而這個從小名列前茅又沒有內建同理心的人竟然說：「想想辦法給他們一點鼓勵呀！」

我當然懂啊，以前我們讀書時能上臺領獎的人更少，我幾乎沒有領過。

在學校覺得自己表現差，回到家看到姐妹們拿獎狀回來更是自卑，常常覺得自己一無是處。如果那時我也能得到一點鼓勵，或許就不用花那麼多年建立自信、尋找存在感。

「但是只買禮物給沒上臺的孩子？這樣對有上臺的孩子又有點不公平了啊！」我說。

工程師說：「那就當作是你自己對每個孩子的肯定，跟有沒有上臺沒關係吧！」

於是我最後決定給全班每個孩子一份專屬於自己的肯定。

我託同事幫我買空白獎狀。但問題來了，我的印表機之前印考卷印到壞掉，來不及送修，只好臨時去買一臺。

工程師陪我去文具行選禮物時說：「你不要這麼小氣，想想這些孩子被你使喚了兩年……」啊！可是有二十一個孩子耶！

最後我跑了四家文具店，終於買齊了要給孩子們的禮物，印獎狀印到晚上十點。

在畢業典禮上，我說不出話，一開口就掉淚，但是我仍有些話想跟孩子們說：

親愛的孩子：

這兩年我們一起完成了好多任務，幫助了很多人，在善的循環中，你們每個人都是很重要的角色。

人生好長，你們才通過了第一站，未來會遇到很多挫折，我知道你們會帶著勇氣和善意。對自己永遠要有信心，知道自己是有價值的，勇敢面對所有的困難，發揮自己的長才。

別忘了老師不斷說的那三個篩子：真實、重要、善意。

不管說話還是待人處事前，都要用這三個篩子想過，想想對方的感受，別在無意間傷害了任何一個人。願你們每個人，都能成為團體中伸出手去幫助別人的那顆種子。

謝謝你們陪我過了這充實的兩年；謝謝你們的懂事和成熟，讓我在善盡責任之餘，這把年紀還能有夢想，還能不斷的成長。

老師的售後服務有終生保固，不管你們在哪個關卡卡住，隨時歡迎回來找我聊聊天、訴訴苦、跟我炫耀戰績、罵罵討厭的人，我還可以當你們談戀愛時的軍師……少了二十一個學生，卻多了二十一個朋友。

這一次我不哭，我要笑著看你們展翅高飛。

除了給孩子的話，我也寫了短信給每位家長，感謝他們兩年來的支持和協助。很開心能與家長們成為教育合夥人，也想讓家長知道，如果未來遇到任何問題，我一定盡力幫忙。

畢竟我家兩個兒子都剛結束青春期，最後終於上了大學，這麼困難的經歷我都含淚度過了，妹妹也上了國中，相信我能給這些孩子正進入青春期的父母們一些經驗和意見。

最近在討論學校這一屆需要安置的孩子，由特教團隊評估後，依照孩子的特質和所需要的幫助做分組。特教老師向要接班的老師們一一說明孩子的狀況，再由老師們討論各班要安置哪一組的孩子。

特教老師在說明時，突然停頓一下，看著我不好意思的說：「這個家長不太喜歡你！」可能是擔心我會難過，於是小心翼翼的說著。

我說：「太好了！帶特殊生必須和家長有很多溝通和合作，如果家長很清楚我帶班的方式卻不喜歡，我們就不用勉強。雙方無法信任的話，溝通時會增加很多衝突。」

我最怕的就是很討厭我卻不敢說，帶著厭惡又忐忑的心仔細檢視我的一舉一動，並質疑我的方法，這樣我們都會很辛苦呀！

以前只要看到網路上有人寫著：「這個老師的爭議很多，她寫的看看就好……」「她很偽善……」知道這樣被討厭著，會很難過。但現在我釋懷了！怎麼可能讓每個人都喜歡？就像我發獎狀給全班同學，也會有人說這樣沒辦法有鑑別度，可是鑑別度本來就是讓學校去評比的呀！我給的是成績以外對每個孩子的肯定。

我在畢業典禮前替每個孩子別上胸花。把獎狀和禮物交給孩子時，會說說每個獎項的緣由和每個孩子的優點。我想讓他們知道，我有看見每個人的努力，也讚賞每個人的表現。我告訴六年級剛轉來的孩子：「謝謝你轉過來，讓我們有這麼棒的緣分！」

畢業典禮結束時，擁抱了每個孩子。能夠有這麼完美的結束，真是令人欣慰。

不可能每一種方法都盡如人意，立場和觀點不一樣，評價就會不同。我沒辦法勉強所有人都喜歡我，只能盡力做到我能做的、該做的。

不活在別人的評價和期待裡，只求問心無愧。

祝福每個人都能遇到適合自己的合作夥伴，願每個孩子都能遇到善待他的老師。

Part
2

看見 需求

善意的給予，可能來自實質的物資或金援，
可能是許多讓人感到溫暖而有意義的方式；
也許是一句話、一個擁抱，或一個機會。

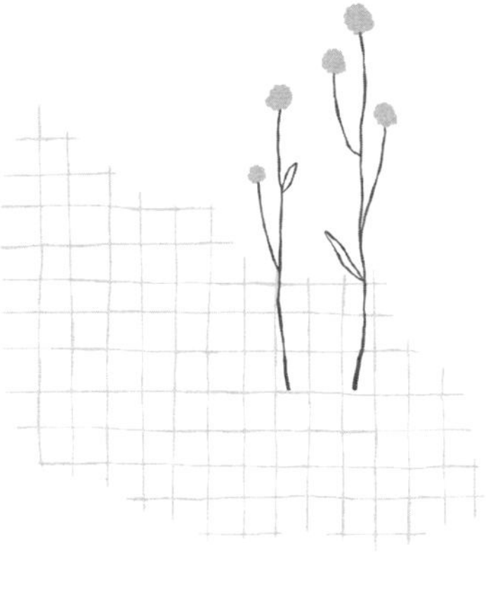

2-1

多給一些機會與可能

看到我家妹妹終於可以自己讀課本的那一刻，真的很感動。

本來以為她可能永遠都不會知道大家看著書、認識的那一個個文字，到底代表什麼意義，對她來說，那就像是我看到摩斯密碼一樣。可是透過點讀筆，她能指著課本上看不懂的字，專注的聽點讀筆一句一句唸著；她和大家一樣可以翻著課本，就像看得懂一樣。

她曾告訴潛能班老師，她一點都不厲害、她很糟糕、她很笨……年紀越大，她越深刻感受到跟別人的不同，受的挫折就越多。

在我面前，她從來不提這些，總是用最開心的一面對我。我從來沒想過，她原來有這些負面情緒。我想，如果丟一本俄文的書給我，大概就是妹妹每天看著課本的感覺。如果每天、每天都這麼挫敗，我是不是也會覺得自己一無是處？

有位媽媽和我聯絡，說她已經上大學的孩子只認識一百多個字，她很懊惱和愧疚，在孩子小時候沒能這樣幫助她，問我現在還來得及嗎？她想請我幫忙用妹妹的課本製作點讀筆，讓她的孩子再多學一點字。

究竟有多少孩子和我家妹妹一樣困在自己的障礙中，找不到方法也得不到協助呢？

我聯繫了出版社，做了很多密集的討論，提出很多建議和請託，希望他們幫忙把所有課文朗讀音檔都放上網，讓需要的特教老師或家長可以直接下載使用，但是遇到了智慧財產權和其他法律上的問題。

很多事情不如我想像的那樣簡單，而且我只是一個小學老師，影響力實在有限。

我想把這個方法推廣出去，因為很多家長拿不到課本的電子書，拿不到課文的音檔，轉入檔案也需要一些方法，很多特殊孩子家裡的狀況沒辦法操作使用。如果特教老師或學校能夠了解並協助，我想應該可以更有效率的讓孩子順利使用。

心裡很著急，於是唐突的打電話給特教科科長。我告訴科長要自費捐贈十套點讀筆教材給基隆市各校需要的潛能班。我希望讓長官知道這個方法可以幫助孩子，也希望透過長官的力量，協助我促成書商幫忙想想辦法。

才剛掛掉電話，就有一位朋友從國外傳訊息給我，說要捐十二套點讀筆給我，讓我盡力協助有需要的孩子們。隔了一會兒，又有幾位朋友說要訂購點讀筆直接寄給我。

我在第一時間和點讀筆廠商聯繫，告訴他們這是要用在幫助閱讀障礙或學習障礙的孩子身上。廠商二話不說，討論了一個特殊專案價。我也告訴廠商有網友要捐贈點讀筆給學校或弱勢家庭，詢問訂購和寄送方式，廠商也立刻決定一起響應捐出部分比例的點讀筆。

這麼多的善心，讓我一個人在教室裡淚崩。

老天爺真的對我很好，只要我想做的、為孩子做的，祂安排好多人來協助我，讓我不至於單打獨鬥，讓我得到好多的支援和力量。

我並不是特教老師，沒有太多特教的專業背景。有的老師說我沒弄清楚點讀筆在特教上的使用就貿然行事，這樣不是給特教老師很大的壓力嗎？

我想，我只是因為看到妹妹第一次能翻開課本閱讀，雖然看不懂字，卻透過點讀筆自己聽，當下有股無法言喻的激動。因為我對於妹妹的障礙一直以來都束手無策，對她的學習始終很難使得上力。

請原諒我不專業的愚昧，也請原諒我對孩子無法學習的心急。那是終於讓孩子能與文字連結的感動，是一種身為母親對於孩子的障礙有一點幫助的釋懷。為了降低她任何一丁點的障礙，我什麼都想嘗試呀！

我想，如果很多特教老師能有點讀筆，就有更多人能找出方法來幫助像我家妹妹這樣的孩子。如果有夠多人使用點讀筆，就能讓書商參與協助，讓他們的學習更容易一點。

我想，一定還有更好的方法，但是在其他條件還沒改善之前，可以先給孩子多一個機會，讓他們多讀一些、多懂一些，讓他們的困難少一點點。

沒有任何協助是理所當然，每一位伸出援手的朋友，我都由衷感謝。

經歷過這麼多大風大浪，我怎麼還是這麼容易掉眼淚？

默默為孩子付出

有一次到宜蘭演講，帶了一組點讀筆過去，想說學校如果有學習障礙的孩子就可以給他們使用，學校說他們已經用自己的經費購買了。

演講結束，準備帶著點讀筆離開時，有位老師在會場門口等我。

老師說她今年帶了一位腦性痲痺的孩子，學習狀況不太好，不過因為學校小，沒有特教老師，也沒有資源班的設置，孩子只能在原班級上課。但是他很多時候跟不上進度，也沒辦法理解老師的解說，在經費不足的情況下，助理員只有部分時間能在教室輔助孩子。老師對孩子的學習很擔心，卻沒有任何資源可以幫助他，加上他的父母離異，家庭功能不彰，等於只能依賴這位老師。

聽到這裡，實在對於現場老師的無助感同身受。很多時候老師很想幫助孩子，卻不知該如何是好。老師們可能從來沒帶過有某些困境的孩子，必須自己摸索和學習，遇到突發狀況沒有人可以幫忙和討論；受困、疲憊時沒有人可以伸出援手。

行政單位把孩子交付給老師後，都覺得老師應該有能力去帶每一個孩子，但行政資源就是這麼拮据，沒有任何人能分身去協助他。

事實上，很多特殊的孩子需要特教知能和方法去照顧，更需要一對一或一對二的個別化教學，才有辦法給他們適當的教育。可是很多偏鄉地區面臨沒有經費和人力的問題，就像是自閉症的孩子，每個孩子狀況都不同，一個老師沒辦法單打獨鬥。偏偏實際的情況是，老師必須自己想辦法，這給帶班的老師帶來非常大的壓力。

我和老師談了一下，突然想起手上的點讀筆。向老師介紹使用方法後，她很開心的說，可以幫孩子做注音符號的字卡，還可以幫孩子把課本變成有聲書，並找其他孩子幫忙錄音，協助他操作點讀筆，這樣其他孩子也能和他有互動，透過協助他，知道他的辛苦……

看著老師帶著點讀筆開心離去，我知道這不是什麼神奇的工具，但是可以給老師一點點方法去嘗試，努力讓自己和孩子脫離困境。

有一位普通班老師問我，是不是只有特教老師能申請？她說班上也有一位認字很困難的孩子，但是沒有特殊生身分。我告訴老師，只要她願意協助孩子錄音或轉檔，當然可以。

也有特教老師在申請點讀筆時，詢問我還有沒有其他文具？於是我會放進一些蠟筆、鉛筆、彩色筆、橡皮擦、鉛筆盒、小玩具、布偶……，讓老師拿來當孩子們的增強物。

我忙得很開心，只要老師有心想幫助孩子，願意替孩子找資源想辦法，願意花時間錄製點讀筆製作有聲書，我都非常感謝。我可以依照老師的需求，替老師準備好以後寄出。

很多人都說不適任教師很多，但是我在這裡看到許多默默為孩子付出的老師，努力為孩子做著很多事。

我們都可以給這些願意付出的老師大力的支持，我們給的不只是物資，還可以給出滿滿的敬意和力量。

2—3

只想給你一雙合腳的鞋

在粉絲團分享了一位「大光兒少之家」的大腳孩子沒有鞋子的事，立刻就有幾位朋友跟我聯繫，寄了十一號的鞋子給我。

昨天我家工程師下班回到家，我跟他說收到了幾雙鞋子，他匆匆把飯吃完，說：「走呀！我們拿鞋子去給孩子！」

我們帶了五雙鞋過去讓孩子挑，孩子對我說：「老師，你來第四次了！謝謝你！」

試穿了以後，他挑定一雙。我跟他說：「因為你的腳比較大，鞋子不好買，再挑一雙替換著穿。」他很開心的又挑了一雙。

看他一直盯著亮色的Nike，我問他：「你不喜歡這雙嗎？這雙很漂亮耶！你都挑黑色的，要不要選一雙顏色亮一點的呢？」

他說：「我很喜歡這雙，好漂亮，但是我都穿暗色的，穿亮的顏色會覺得好像大家都在看，好像覺得我很怪。」

我讓他選了一雙平時敢穿的、舒服的鞋，並跟他開玩笑說：「等你跟我一樣老，就會像我一樣喜歡穿不一樣的，想著大家一定都覺得我很漂亮！哈哈！」

自信必須一點一滴慢慢建立。在這一刻，在他的困境裡，不管我告訴他什麼、鼓勵什麼，他應該都覺得做不到。我只想透過大家的力量告訴這些孩子，有人為了他們願意跑四趟，只是想給他一雙合腳的鞋子。

幾年前，學校有個孩子受到創傷，安置在我的班上。我去家訪時真的受不了，那只能用家徒四壁來形容，昏暗的燈光，滿桌泡麵碗，裡面沒有衣櫥，所有衣服全部堆在三個人睡的雙人床上，整個房子裡蚊子多到離譜，漫天飛舞。冰箱空空如也，問他們為什麼只吃泡麵，那媽媽說只吃得起泡麵。這孩子的妹妹才兩歲，三餐都吃泡麵竟然吃到二十幾公斤重，小小的衣服全部繃在身上，褲子也不夠長，露出來的小腿被蚊子叮得全是腫包。

第一次接到這樣的孩子，不知道該如何幫忙。

我到街上買了好多小妹妹的衣服，把家裡所有能吃的東西全帶過去。我買蛋、肉、青菜冰進他們冰箱，再集資讓那兩歲遲緩的小妹妹上幼稚園。

我問那孩子和媽媽，有沒有需要什麼？他們都茫然的搖搖頭，不知道自己缺什麼。我看著這裡明明什麼都沒有，什麼都缺呀！於是帶他們去全聯，讓他們需要什麼就拿。結果那位媽媽拿了泡麵，孩子拿了一包衛生棉，妹妹拿了一包餅乾。

他們為什麼不知道該選什麼？那是因為從來沒有機會讓他們選，所有生活物資和衣物都是別人給的，有什麼就用什麼，有得用就好，只要能活下來。

可能有人會問我，那媽媽怎麼能給孩子這樣的環境呢？

那是因為這位媽媽也陷入了沒得選擇的困境。她因為家暴而離婚，領有中度身心障礙手冊，能力和身體狀況都低落，還帶著兩個孩子。沒有人想給孩子這樣的生活，但是她無能為力。

只夠活著的時候，選擇和夢想是遙不可及的奢侈。

2—4

我們還能為傷透心的孩子做些什麼？

幾年前，我的班上有個被傷害的孩子。我們通報、跑流程，那孩子終於被安置在寄養家庭，讓我們都鬆了一口氣，她終於安全了。

她白天在學校上學，晚上就到寄養家庭，我們都覺得這樣是最好的安排。寄養家庭乾淨舒適，有熱騰騰、營養的飯菜，衣服洗得乾乾淨淨，作業也有人盯，生活有秩序和規律……感覺上，這孩子去寄養家庭之後就能有個新的開始。

可是，那孩子非常傷心，每天愁眉苦臉，紅著眼眶。只要週末和媽媽見面，星期一那天她的心情總是非常低落。

我問她：「在寄養家庭不好嗎？」她回說不好！

「寄養媽媽和爸爸對你不好嗎？會罵你嗎？你住得不習慣嗎？」她搖搖頭。

我問她：「感覺現在的環境比原本的舒服，你不喜歡嗎？」

她說：「我想媽媽，那個地方沒有媽媽。」

她是在媽媽的陪伴下受傷的，我們總覺得那媽媽沒有能力照顧孩子、保護孩子，在事情發生之後更沒有辦法替孩子出面處理，是一個失職的媽媽。但是，對孩子來說，媽媽就是媽媽，沒有人能夠取代。沒有媽媽的地方，就不是家。

從那時候開始，我對寄養、被安置的孩子有了不同想法。

受傷的孩子，我們可以想盡辦法讓她安全無虞，為了避免孩子再次受傷，必須讓孩子和父母分開，但是，親情的牽連卻無法切割，對一個孩子來說，那是多麼難又多麼無奈！

在孩子有安全疑慮時，安置、隔離絕對是必要的，**孩子的安全要放在最**

前面，然後，我們可以再想想，還能為這個被家庭傷透心的孩子做些什麼？

我曾經載著塞滿一車的鞋子、衣服跑了許多安置機構。到了每一個機構，我都會跟接待的老師聊一聊。也聽聞有些孩子在週末可以回家一趟，但有些孩子三百六十五天都得待在機構裡，連家都沒得回，甚至年夜飯都得在機構裡吃。

有的安置學校沒有畢業典禮，孩子們都是在安置時間結束就會離開，那種生活無法穩定、歸屬的感受，是我們無法理解的，更讓我心裡難受。

我每次離開一個機構後，腦筋就會一直轉著：我還可以為這些孩子做什麼呢？

小時候，我家裡孩子多，但經濟拮据，父母光是養育六個小孩就花費龐大。我們都穿親戚鄰居給的二手制服，連上了女中還是穿鄰居給的過短、過小的制服。只有過年時可以買一件新衣服，那時的雀躍和滿足真是無法言喻。

有一年家裡的貨車被偷，連日子都快過不下去了，當然沒有新衣服穿。那一年的過年，我們都很失望，所以我從小就很在意過年要有一套新衣服的儀式感。

雖然說過很多次，但我還是要謝謝和我一起送新衣服、新鞋子給這近百位孩子的朋友們，謝謝你們讓孩子在沒有選擇的生活中，還能夠選擇自己喜歡的衣服。

很希望我們這樣的一點行動，讓這些暫時陷入困境的孩子們，留下一絲溫暖和感動。

2-5

謝謝你們伸出援手

之前認識一群腦痲孩子的媽媽們。我和姐姐帶著他們做過兩次糖果和餅乾，也跟他們一起出遊好幾次，每次都覺得他們好辛苦，上下車就是搬輪椅、抱孩子。

雖然不方便，他們還是找很多機會帶孩子出門，幾個家庭定期聚會，讓孩子們能互相熟悉有朋友。

其中有一對兄弟讓我很捨不得。剛開始我以為他們是重度腦性痲痺，結果他們得的是一種叫做「萊希-尼亨症候群」的罕見疾病。

他們已經上了國中，卻沒有離開過輪椅，不會說話，沒有自理能力。但讓人敬佩的是，每次聚會的時候，總是看到他們的爸爸媽媽非常細心的照顧他們，常常吃飯吃到一半放下筷子去幫孩子們換尿布、餵食、抽痰……他們從來沒有因為孩子重度的狀況而疏忽或放棄孩子。

照顧兩個行動不方便的孩子有多辛苦，光是想像就讓人於心不忍。最辛苦的是，孩子們常常會傷害自己，兩兄弟會自殘咬到嘴唇都是血，有時候也咬舌頭。父母沒有辦法制止孩子，只好帶哥哥去拔牙齒，但拔了一邊他就換另一邊咬。

我想，要把孩子的牙齒拔掉，父母的心裡一定很痛，但是為了不讓孩子傷害自己，他們只能做出這樣不得已的決定，只希望他不會再咬舌頭。孩子現在下嘴唇已經沒了，舌頭只剩一半，下排牙齒的犬齒後面都拔掉了。

孩子們常常會有肌肉高張的狀況，只要肌肉處於緊繃狀態，就會讓他們不舒服，因為無法言語，身體不能動，沒辦法發洩情緒，就只能動嘴巴咬自己。

真的很難想像看著兩個孩子自殘的痛苦。照顧他們就已經心力交瘁了，還有沉重的經濟壓力。一臺要價好幾萬元的輪椅，必須隨著孩子長大更換，還有孩子的尿布、醫療費用都是龐大的支出。最近孩子要動一個手術，醫生說開刀可以改善他們的肌肉張力和自殘行為。真的很替他們開心，因為他們終於不用再痛了。

但是，一個孩子的開刀費用必須自費六十萬，而他們家只有爸爸在工作，媽媽是全天候照顧兩個孩子，根本就無力負擔這麼龐大的手術費。這讓他們的父母陷入天人交戰，到底是要讓孩子繼續痛？還是要背負還不完的債？

在我煩惱我家妹妹學不會時，這位媽媽擔憂的是孩子能不能繼續呼吸；在我煩惱兒子不願意好好讀書時，竟然有個媽媽只期待孩子不要再有痛苦。看到這些辛苦的家庭，真的覺得自己身上背負的責任和壓力都不算什麼。我也不想讓孩子們繼續痛，我想盡一點心力，希望他們的手術能順利進行，盡快改善孩子的問題。

二〇一九年十一月，我們為這兩個罹患罕見疾病「萊希-尼亨症候群」

的孩子籌措了開刀的費用。

可是原本排定好的手術遇上疫情，一延再延，直到二〇二〇年六月，他們終於進了手術室。

當時有個電視節目《新聞深呼吸》去他們家裡和醫院採訪這對辛苦的父母。看到這個一向剛毅又開朗的爸爸紅了眼眶的那一刻，我的眼淚跟著忍不住掉了下來。

我想到二〇一六年認識他們的時候，孩子的下嘴唇已經不見，舌頭剩下一半，因為捨不得他們自殘咬自己，只好拔去幾顆牙齒。醫師建議他們接受原本治療巴金森氏症的腦部深層電刺激手術。

那時為了兩個孩子高達百萬元的手術費用，好多朋友慷慨解囊，自發性捐款，三天內成功替兩個孩子籌到上百萬元，也讓哥哥在六月時終於排定手術。雖然術後還有很多問題等待適應和解決，但是醫療團隊和父母一直在找最好的方法來幫助他們。

我想，「神老師」這個稱呼帶來的效應，是為了集結這麼多愛心，我們

擁有一起幫助辛苦孩子和家庭的龐大力量。

這個功勞從來就不是我的，是大家一起努力付出的。

風雨我撐著，有孩子需要幫忙的時候，謝謝你們伸出援手。

2—6

開始是最困難的

很多網友、廠商都沒有見過我，但是對我非常信任，常常會提供物資、小額捐款，要我轉送給需要幫助的家庭。

就像我之前做業配的稿費一樣，我不會把所有物資和捐款全部留在自己學校。畢竟我們學校的清苦家庭有限，這麼多物資如果只給這幾個家庭會過剩或放到過期，但又不能定期給，因為那會讓家長誤以為是免費的，養成習慣後會覺得那是他們應得的，東西太多還會挑剔……

所以我們總是會衡量數量和狀況，做妥善的分配，算好時間間隔和需要的量分配送出，也會分送到別的學校。

有一位網友每個月都會寄來十包米；年菜廠商會送佛跳牆、米糕和助學紅包；奶粉廠商寄了七十幾罐奶粉，還有另一個朋友送了三十幾個物資禮盒，我會讓學校視孩子們的狀況去分配。

實際做了這些事情後，才明白連物資分送都很不簡單。

我不僅要跟送物資的單位聯繫討論數量、運送方式，要接洽願意接受的學校，再跟校長討論數量和內容。東西寄到學校以後，我要去警衛室收包裹到教室，做好分配再搬到車上，用好幾個下班時間開我的車分送各校，每天車子都塞得滿滿的。

但是，每當看到各校校長回饋給我的照片和文字，想到花一點時間就能讓這麼多孩子受惠，心裡真的很開心。

剛開始是最困難的。因為我不太跟外界打交道，自己學校同仁都不認識幾個，更別說其他學校的主任或校長，根本沒有機會認識，突然聯絡人家說要送物資，難免好幾次都被當作詐騙集團，擔心我有什麼目的。

還好嘗試幾次之後，有幾個學校的校長願意接受，在分配物資時已經能夠信任我，他們會立刻去問學校的需要，讓我把物資送過去，很快速的把事情處理完。

曾有一位家長傳訊息給我，希望能替重度的孩子申請輪椅和點讀筆。我們的捐助對口通常是學校，不會補助個人，我希望透過學校幫我確認了解孩子的需求和狀況。我告訴家長，可以請特教老師來跟我申請，老師很快的傳訊息來跟我討論，但是剛好那陣子很忙碌，這件事後來就斷了線。

之後的某天，這位媽媽又傳了訊息給我：「孩子的輪椅已經不堪使用，但是補助要到明年八月才能申請，孩子真的沒辦法等。我家有兩個身障的孩子，沒辦法負擔量身打造特製輪椅的三萬五千元。」她求助無門的狀況下，只好又私下拜託我。

她說，為了跟學校商量這件事，前一天從早上等到下午兩點半開會討論卻沒有結果。她真的很無助，不知道該找誰幫忙。

我可以想像媽媽為了孩子急得像熱鍋上的螞蟻、求助無門的感受，也可以知道學校礙於經費和申請規定，有時要給一個孩子的幫助就是這麼困難。

我問清楚學校和孩子的名字，打電話給學校的校長討論這件事。校長跟我談完，立刻請輔導主任和我討論匯款核銷的細節。

我趕緊跟公益業配合作廠商的老闆娘聯絡，向她說明狀況，詢問是否可以把十月底她們安排的捐款先讓我預支給這個孩子買輪椅？

沒想到老闆娘立刻回覆我說：「這個輪椅我個人捐款四萬元。老師，我們十月底還可以再捐一個學校！」

下午兩點，老闆娘完成匯款，媽媽跟廠商下訂，約好下星期一到學校為孩子量尺寸、設計輪椅，學校主任則協助家長核銷經費。

我當下真的不知道該怎樣感謝這位老闆娘。我沒有辦法無後顧之憂的拿出這筆錢，但是在有人需要幫忙時，老闆娘二話不說立刻伸出援手。我們集眾人之力，花不到十分鐘，就解決了這媽媽愁苦到想帶孩子離開人世的困境。

一個輪椅的問題看起來好像很簡單，但是這個家庭有兩個身障的孩子需要輔具，加上家境貧困、經濟拮据、生活照顧上也分身乏術、孩子頻繁就醫、有學習障礙……光是照顧他們平時的生活就很辛苦了，這時再來一筆為數不小的必要支出，可能就是壓垮一個搖搖欲墜家庭的一根稻草。我可以想像沒辦法幫助自己孩子解決問題時，真的很無助。

很多事情繁雜難做，很多事情消耗時間精力；有些時候做到傷心難過，有些時候只被當作搖錢樹，但是，能將適合的物資送到需要的學校和家庭，真的很讓人感到欣慰。

謝謝這麼多廠商和朋友願意相信我有能力把事情做好，讓大家的善意能夠得到最妥善的分配。

2—7

只要堅持信念，什麼都不難

我家工程師的一位學長曾問我：「你是信基督教嗎？不然為什麼會去以琳少年學園呢？」

我不是基督徒，但是我深深感受到每個機構對孩子們的幫助。

有一次我去地方法院演講，認識了一位調保官。演講結束後，我在停車場和調保官聊了很久。調保官說，與會的人大部分都在幫助被安置在機構的孩子。

我向調保官要了幾個機構的聯絡方式，很希望在過年前幫這些孩子訂購新衣、新鞋。

文章分享後，很多朋友共襄盛舉。我把訂購衣服的網址留給機構的老師，請孩子們上網自己挑選喜愛的外套，再把清單給我，並拜託願意幫忙的朋友訂購後寄給我。

我也整理了現有的鞋子，依照需要的尺寸一起送到機構去。

二〇二一年農曆年過後，一個星期六的下午，我和工程師帶著妹妹從花蓮回臺北，就直奔以琳少年學園，想把大家幫忙訂購的外套在過年前送到孩子手中。

那是一個地下室，樓梯下去後是一個寬敞的大廳，大廳裡只有一張破舊的沙發，地上坑坑疤疤、凹凸不平，貼皮地板看起來年代久遠。因為以前這裡是撞球場，撞球桌腳留下來的大洞隨處可見，可能是怕孩子們絆倒，都用封箱膠帶貼了起來，所以大廳地板上到處都是封箱膠帶的補丁，整體環境看得出來需要大工程整修。

說實話，這是寒假期間跑了六個機構中，讓我最不捨的環境。

等待孩子們回來的時間，我跟牧師和師母聊了一下，知道他們收容國中小學中輟的孩子，無法回到學校的孩子們學籍掛在原學校，平時就在以琳上課，讓他們不會到處去遊蕩；這裡也收容被法院安置的國中、高中孩子，也有輔導高中孩子就業與技能訓練。

聊沒多久，聽到孩子們嘻嘻哈哈的聲音，跳著笑著走進來，熱絡的跟牧師、師母、老師們親暱的聊天。每個孩子都掛著大大的笑容，急著分享當天去農場的活動。

老師們拿起箱子裡的新衣服，喊著孩子來試穿。衣服穿起來後，孩子們說：「老師，你看！剛剛好耶！好好看，好保暖！」老師和孩子們開心討論著，親近沒有距離。

那一幕真的觸動了我。這些孩子是中輟生嗎？我對中輟生的印象是桀驁不馴、叛逆，一進到學校或教室就一臉厭世、難以接近，講兩句話就不耐煩，但是這些孩子的臉上掛著開心的笑容，和老師們互動良好，深深撼動了我對中輟生的刻板印象。

他們在以琳，有如回到家一樣安心。或許他們和學校老師與父母無法好好相處，卻對牧師和師母那樣親切，我想，這些牧師和老師們得花多少精神和愛去照顧這些孩子，才能讓他們卸下心防？

這麼多年在學校裡，我最遺憾的就是有幾個我的學生上國中後中輟了，孩子就在校外遊蕩，最後失去了他們的消息。如果當時他們在學校待不下去，能有以琳這樣的機構接住他們，那該有多好？

回到家後，在以琳看到的每一幕都揪在我心上，那裡就像是這些孩子的家呀！

很想為他們做些什麼，卻又覺得很不自量力，第一次去別人家就覺得人家環境需要改善，這怎麼說得出口？

糾結了很久，這件事仍揮之不去。過年後開工的前一天，我竟然為這件事失眠了。早上馬上和牧師聯絡，提醒他幫我統計孩子們鞋子的尺寸與數量，並鼓起勇氣跟牧師提議：「我好希望能有方法給孩子們好一點的環境。我可以做些什麼呢？」

牧師說，這個地方租了十年，租約到期，早有計畫要換場地，但是要在臺北市找到這麼大的場地容納這些孩子實在困難。他們只能先和這裡簽短期約，再一邊找其他場地。因為怕裝潢了又要換地方太可惜，所以就這樣沒去改善。

因為位在地下室，原本的木地板都因潮溼、漏水而腐爛損壞。老師們自己買了木紋貼皮一片一片貼上去，底下的木板沒能處理，當然凹凸不平，也不耐用，時間久了就破損、斑駁。老師也曾帶著孩子們粉刷了牆壁幾次，但是整體環境仍無力改善。

我的想法是，可以先把進到以琳的第一眼門面做改善，剩下的等有錢再慢慢處理。可以先把地板、沙發換掉，感覺應該會差很多。

和牧師討論後，我約了我家工程師的拜把兄弟一起到以琳看場地，他是位室內設計師。

找專業的人來幫忙真是最明智的選擇，他立刻提醒我很多需要注意的問題，也有預算的壓力、租約的限制等等。朋友替我設想了最好的方法，就這樣等以琳的老師們開會決定是否願意讓我們幫忙。

最後只剩下錢的問題。我當時分享文的合作稿費得兩個月後才會進帳，根本來不及應急，正在煩惱的同時，有好幾位網友私訊問我如何捐點讀筆，還有兩位問我有沒有需要幫忙？我跟他們討論了以琳的狀況，他們願意陪我一起完成這件事。

工程師下班回來，聽我叨叨絮絮的說完，竟然二話不說從他的櫃子裡抽出一個紙袋，整包私房錢全部交給我。他說：「換地板、沙發需要不少錢，這些都給你……」

姐姐也問了我還差多少錢。好想哭，好懊惱過年前去買了衣服，好後悔情人節帶孩子們去吃的那頓大餐，如果能忍住自己一些不必要的慾望，現在哪需要用到工程師的私房錢？哪需要大家為我煩惱？

原本覺得很難，鼓起勇氣做了才發現，雖然我的能力不足，但是身邊有這麼多人願意幫忙；只要是能為孩子做的，只要堅持信念，什麼都不難。

2—8

有心，全世界都會來幫忙

原本我還在煩惱幫以琳做地板的錢要從哪裡來，沒想到在一個週末，僅僅兩天，靠大家伸出援手，匯給以琳的捐款便足夠更換所有的地板，甚至還夠把破損的牆壁處理好。

以琳少年學園的每個老師都很驚訝和感動，我和設計師、以琳的牧師也都感到難以置信。

我事先陪地板廠商仔細走一圈丈量空間尺寸，才發現老師們的辦公室空間狹小，地板、牆面壁紙也破損嚴重，但是要把辦公桌和隔板搬開、重新拉線，卻是件大工程。

為了省錢、為了三月份即將開課必須密集聯繫，加上沒有專業的人可以處理線路，老師們說他們的辦公室不用處理沒關係，只要孩子們活動的地方地板平整，不會跌倒受傷就好。

老師們只在乎孩子們的安全，卻沒有把自己的工作環境放在第一優先來整修，真的讓我很感動也很心疼。

我實在捨不得老師們在那樣的環境下工作，一直想著該怎樣才能把辦公室暫時搬到大廳，讓老師們能有好的環境工作？

工程師說我是麻雀腦，不只記性差，還把所有事情想得太簡單。我看到牆壁上剝落、破損又年代久遠的壁紙，很直覺的就是撕掉再重新刷油漆就好，還好設計師耐心的解釋，貼壁紙很簡單，但是要撕壁紙撕到可以刷油漆卻非常困難。壁紙的表面層很好撕，但是底紙是緊緊巴在牆壁上的，必須用鹽酸一邊噴一邊刮除，還無法完全刮乾淨。在刷牆壁時要靠補土來抹平，花費最大的就是這部分的人工。

我們約了壁紙廠商，希望能在不用撕除的狀況下，抹平破洞直接貼上新的壁紙，這樣應該是最省事省錢的方式。

我們幾個人針對牆壁討論了很久，原本預估這麼大一個空間、這麼多間教室，不管用哪個方法一定都要花上十幾二十萬！我跟牧師、老師談好：「如果真的要很多錢，不然就讓壁紙師傅貼原有壁紙的地方，剩下的我們找一天來自己刷油漆！」

有天早上，我突然接到以琳的牧師打電話來。他激動的告訴我，油漆老闆過去看了現場，跟他討論了各種可能性，老闆建議用最簡單的方法來施作。油漆老闆說，設計師簡先生告訴他這是要做公益的，他決定用極低的價錢幫以琳刷到好！

我和牧師兩個人抱著手機一起尖叫：「怎麼可能?!」

我自己常常刷學校教室、家裡，很清楚光是油漆應該就要好幾桶，還有師傅的工錢……。

那一整天都因為這個好消息心情超好的！上一整天的課也不累。

晚上睡覺時，我緊緊抱著工程師，把頭靠在他的肩膀上。他以為我是心情難過，一直問我怎麼了？

我把油漆老闆的佛心告訴他，他摸摸我的頭說：「開心了吼？」我說：「對呀！油漆的錢省下來，應該可以買一些輕鋼架的天花板來換換，牆壁上裸露的電線孔洞，也能請位水電師傅來整理一下，裝些盲蓋，想想辦法幫老師們把辦公室搬出來做地板……」

那天離開以琳前，有一位老師告訴我，她自己是高科技產業退休，一輩子都在新穎又高科技的辦公室裡工作。退休後考上社工，進到以琳真的很訝異，從來沒有想過在臺北市這麼繁華的都市，會有一群這麼需要幫助的孩子在一個這樣的環境，跟她以前工作的辦公室真的是天差地遠，沒有踏進以琳，不知道這麼多孩子需要愛。

他們一直跟我道謝。我告訴牧師，去過這麼多機構，讓我把以琳放在心上的，是他們對孩子們的態度。帶青春期的孩子不容易，能夠讓一群離開學校、對環境失去信任的青春期孩子，敞開心胸來笑著、唱著，甚至撒嬌似的園在老師身旁分享著，這是要花多少心力和愛才能做到？

這三、四十個離開學校的孩子，如果任由他們在外面遊蕩，是多麼讓人擔心的事情？以琳幫社會接住了這些孩子，而我們則是努力給孩子和老師們一個溫暖的家。

第一次鼓起勇氣打電話給牧師，表達希望改善以琳環境的時候，他跟我說明所有的困難，一聽到我只有四萬元，牧師應該覺得我瘋了，那是天方夜譚呀！

他們請人估價過想要改善的每個部分，應該都是四萬元的幾十倍。他們是無能為力，不是無所作為。偏偏剛好遇到的是我，雖然口袋空空，卻是只要有一個念頭就停不下來。我當天下午就帶著設計師到以琳，想說先估價看看呀！如果當時設計師告訴我最想做的大廳地板要幾十萬，我可能就絕望了，沒想到，設計師告訴我的金額就剛好是四萬！

是不是很神奇？這樣真的讓人無法放棄啊！這是一件會讓人一頭栽進去，越陷越深的事。

我總是想，沒辦法一次做，就一點一滴慢慢做；自己一個人沒有能力做，就揪大家一起做；想不出辦法來，就找專家一起想。

不管任何事，只要鼓起勇氣跨出第一步，就有成功的機會。

我在臉書分享的文章寫了以琳的情況，兩天之內竟湧入了兩百萬的捐款，我們都驚訝極了！我請設計師聯繫了地板師傅丈量全部地板，找油漆廠商來估價，找輕鋼架廠商來看看崩塌斷裂的骨架還有沒有救。

估完價，約好動工時間，以琳整個動了起來。志工、老師、孩子們開始整理、搬移物品讓油漆和地板可以施工，把牆面上的壁紙盡量撕除。我帶著我爸爸去以琳兩趟，把電源孔洞補起來。兩個禮拜內，有三個工班進入以琳施工，把地板更新、牆面重新粉刷，每個空間都加了一面粉彩，天花板也換成了明亮的白色。

兩個禮拜後，我帶妹妹回到以琳，看到完工後的樣子，心裡好激動，好美！

這真的就是我心裡想要給孩子們的那個感覺，一個回到家的感覺。

像這樣的安置機構，很多人來來去去，常常給些建議、給些嫌棄、給些機構做不到的提醒，再批評抱怨政府沒有盡到照顧的責任，然後轉身離去，給所有努力撐起孩子們的老師留下的，是沉重的無力感。

但是，我們用實際的行動，花不到一個月的時間，讓孩子們有一個乾淨舒適的家。我深深為自己和所有伸出援手的朋友們感到驕傲。

有心，全世界都會來幫忙。

這是一個集滿你我的愛，讓四萬變成兩百萬的感人故事；是勇敢踏出第一步後，全世界都會來幫忙的善舉。這是大家一起成就的以琳，每一個人的愛，我都牢牢記住了。

2—9

請給孩子一個養活自己的機會

一直都有朋友不定期捐贈物資，等我聯絡好以後，就會拜託輔導老師幫忙安排發送。輔導老師真的很認真仔細，她會記錄哪些家庭什麼時候發送過，哪些家庭需要什麼，就連已經畢業好多年的孩子和阿嬤，都在她的安排名單中。她也會趁發送物資的時候，到家裡去探視年邁、行動不便的阿嬤們。

過年的時候就送大家紅包和年菜，中秋節時送牛軋糖和月餅，端午節送肉粽，七月的時候送普渡過的米麵，加上不定期的捐款和物資、麵包、貝果……我真的無法想像輔導老師怎麼能做到這樣？

她自己家裡有三個孩子，還總是關懷這麼多在校和已畢業的家庭。她去探視時常自掏腰包買水果，再拎去一雙給孩子的鞋……謝謝輔導老師對這些孩子的用心，也誠心感謝捐贈物資的所有朋友。

有時這些家庭不是缺一包米或一個小紅包，缺的是一種關愛和在意。輔導老師說，有時是用送米當藉口，去看看阿嬤們過得好不好，跟他們聊聊天。

有朋友一口氣就說要捐六十包米，真是嚇壞我了！我們學校剛發過，所以立刻聯絡三個學校的校長，詢問他們學校弱勢孩子有沒有需要？

調查完各校需要的數量後，朋友向「非愛不可星兒手作工坊」訂購了六十包米，直接配送到學校去。

朋友說，這樣可以幫忙工作坊的自閉孩子就業，還能夠幫助弱勢家庭，真是太開心了。

有時候覺得這些朋友花了心思、付了錢，卻總是感謝有這樣的機會可以幫助到孩子，真的很令人感動。

「非愛不可星兒手作工坊」位在臺東。幾年前，我特地趁暑假的時候開車去探訪了一趟，看到小作坊裡明亮乾淨的環境，還有孩子們認真工作的模樣，讓我留下深刻的印象。

我記得當時有個非常高大壯碩的孩子，脖子上掛了字卡，社工說這孩子不會說話，得自己搭公車到小作坊，所以身上掛了溝通字卡，讓公車司機知道孩子要在哪裡下車。

我心想，要讓一個沒有口語表達能力的自閉症孩子有穩定的工作，需要多少人、多少訓練才能做得到？

這些中重度的孩子只能做很單純的工作，一個負責秤米，一個負責抽真空、封裝，一個負責貼貼紙……八個孩子坐成一排。那天我去探訪時，午休時間還沒到，當天需要的米就已經包裝完了，可是孩子們很固執，堅持上班時間就是要工作，沒有訂單讓孩子們很焦慮，社工只好再去搬米讓孩子們繼續包裝。

負責工作坊的孫爸說，這些自閉症的孩子有其中幾個家境非常貧困，有些人連家人都有障礙，這一份薪水是他們家庭唯一的收入來源；也有些孩子住在深山裡，房子破爛不堪，看到孫爸去探視的照片，真的很讓人難過。

我會定期訂購非愛不可的星願米。如果您們家裡剛好需要買米，或是您也願意訂米送給弱勢家庭，請給這些孩子一份工作養活自己和家人的機會。米不一定要送給我，每個學校一定有貧困的孩子需要幫忙，可以問問住家附近的學校輔導處或校長，讓愛心和資源可以得到最好的安排。

在此先感謝願意伸出援手的每個你！

2—10

打工的孩子

寒假時，輔導老師傳訊息告訴我，有兩個畢業四年已經讀高中的孩子，大年初五就來問她能不能到學校打工？初五、初六兩天，輔導老師帶著自己的孩子和這兩個孩子一起清洗了學校戶外樓梯上滿滿的青苔。

輔導老師問我：「這幾天能不能給他們高一點的工讀費？」我說當然可以，過年包一個紅包給他們，如果開學時學費不夠，我和輔導老師一定幫忙到底。

記得我高中的時候，家裡的貨運車被偷，但是家裡有六個孩子都要上學。我和姐妹看到媽媽辛苦周轉籌錢的樣子，能打工的都去打工了。

我週末在服飾專櫃打工，早上十點站到晚上十點，整整十二個小時。剛去的時候一看到客人雙腳就發抖，不知道怎麼招呼，業績常掛零。因為年紀小又只是代班，常常被隔壁櫃的小姐搶生意，三兩句就把我專櫃前的客人帶走，只能淪為跑腿小妹，樓上樓下不斷幫忙拿貨換貨。晚上十點下班，都趕不上最後一班上山的公車，只能搭車到山下，再走十五分鐘沒有人煙的長路回家，回到家都晚上十一點了。

想想當時真是辛苦，但是現在的膽量應該是那時訓練出來的。我不甘心客人被搶走，偷學專櫃小姐們介紹衣服的說詞和讚美客人，後來一天也能賣出好幾件。走那條山路時，總怕旁邊比人高的草堆裡會蹦出一個壞人，站完十二個小時還能半跑半走一公里半的路回家，訓練出超強腿力。

高一時，我在學校工讀，午休在總務處打公文。當時第一次接觸電腦，一指神功打字超慢，常常被嫌棄，但為了保住工作，我去找在臺北商專讀書的姐姐學打字。了解每隻手指固定擺放的位置後，我畫了一個鍵盤，有空時就在鍵盤上熟悉每個注音符號的位置練習，練到一分鐘能打中文八十到九十字，而且正確率超高。當時一個月只能賺一千四百四十元，但是我現在打文章超快，要拜那份工作所賜。

過年過節時我去禮品公司賣禮盒，因為有抽成，所以卯盡全力留住來選購的客人。門市小姐還要兼送貨員，那時沒有導航，憑著一張地圖，我騎著小摩托車把臺北的路都跑熟了。

我曾賣過衣服、鞋子、早餐，在百貨公司美食街賣果汁、中秋月餅；在牛排店端過盤子；在冷凍廠剝蝦子；在自助餐廳裡包便當；在大賣場裡做試吃……這些工作，以我現在當老師的工作來看似乎都沒有相關，對當時還是學生的我來說好像也挺辛苦的，但是我從這些工作學習到很多能力，也訓練出面對問題和未知的抗壓性。

看到那兩個來打工的高中孩子，不由得讓我想起自己走過的這段路，百感交集。

他們倆家境都很貧困，一個家裡只有阿嬤，一個只有媽媽，各項成績的表現都弱，困苦的環境沒有家庭的後援，缺乏好的條件，卻願意自己努力攢存學費，而不是等著別人來幫忙，他們是多麼棒的孩子啊！

雖然心疼，但是我們不能資助他們一輩子，教他們養活自己的方法是很重要的事。

我們幫助過很多人，確實遇過很多人對別人的幫助習以為常，甚至覺得理所當然，等著別人捐款，捐款減少或停止時，還會來質問為什麼沒有了？我們自掏腰包提供孩子工讀的機會，也會有孩子來抱怨我們利用童工。

我和輔導老師不斷的思考和討論該如何幫助和教育這些孩子，這需要很多很多智慧，期許我們都能找到最好的方式。

2—11

肚子餓時，可以有一碗麵

看到我把家裡的鍋子、盤子、麵條收了一大箱，帶著孩子們送到那阿嬤家裡，我家哥哥問我：「那是你班上的學生嗎？」

我說不是，是其他年級的孩子。哥哥接著說：「那關你什麼事？」

那天午休，陪著輔導老師到剛轉來的這個孩子家裡，要把拒學的孩子帶去學校。我看到那剛搬進來的房子空空蕩蕩，只有床鋪，連張可以坐的椅子都沒有。

孩子的阿嬤說，前一天晚上他們睡覺前，孩子跟她說肚子餓，但阿嬤身上的錢有限，家裡什麼都沒有，沒辦法煮東西給孩子吃，孩子就這樣吵了整夜。

眼看上課的時間快接近了，我伸手拉孩子去穿襪子。一說到要上學，那孩子突然暴怒，左閃右躲，我的小腿被踢到瘀青好幾塊。我得緊緊抱住他，才能制止他繼續攻擊，但是抱住一個奮力想要掙脫的孩子，讓我全身痠痛了兩天。不過還好我當壞人，輔導老師當好人，就這樣好說歹說的把他帶到學校去。

到了學校，輔導老師替孩子挑了雙鞋子，挑幾件衣服。那時候，我真的很慶幸自己收了那麼多衣服，可以挑到孩子能穿的。隔天看到他穿上跟我領的衣服和鞋子，比得到什麼獎還讓我開心。

一個拒學的孩子背後有很多的原因。一個表面頑劣的孩子究竟經歷了多少傷害，我們有試著了解嗎？當然，我改變不了他的家庭背景和辛酸，只能盡快協助阿嬤把空蕩蕩的家安頓好。

我拿了一萬元給阿嬤繳房租押金，拿了鍋碗瓢盆，連菜刀和砧板都準備了一份，其他的就留給輔導老師和資源班老師去努力，讓專業的人做專業的事。

這孩子一定會帶給我很多事做，但是看到他那幾天乖乖上課，我相信我們一定能讓他安定下來。

有天我收到一箱玩偶，立刻找輔導老師帶孩子挑幾個去。那孩子拿了一個手偶玩耍著，倔強的臉看起來不想跟我說謝謝，但是，他用手偶不斷的搖著手，跟我鞠躬，臉上終於露出靦腆的笑容，我也跟他手上的玩偶說了不客氣。

不是我特別有愛心，當然也可以不關我的事，但是當媽媽的人，只要聽到有孩子肚子餓到睡不著，不管那是誰的孩子，不管有沒有在自己的班上，沒有人捨得呀！那天在阿嬤家，我就跟阿嬤說會帶鍋子和碗給她，希望孩子肚子餓的時候，至少有碗麵可以吃。

辛苦的人真的很多，我們都可以試著用自己僅有的能力，給這些努力看顧孩子的人多一點幫助。

2—12

我們做了一點點，讓孩子大大改變

從好幾年前開始，我和輔導老師就發現學校裡有些家境辛苦、單親、隔代教養等問題的孩子，他們放學回家後沒人幫忙看顧課業，有的連晚餐都沒得吃。

因為沒有人指導，好幾個交不出作業而和班級導師有些衝突，孩子在教室的處境也辛苦。

我和輔導老師討論後，跟附近幾個安親班主任聯繫。

我和輔導老師自掏腰包，也向姐妹們募款，加上網友的小額捐款，還有部分安親班願意月費減半或部分免費。我們就這樣安置了好幾個孩子在安親班裡，減少很多教室裡孩子交不出作業和老師們的衝突，也讓孩子的課業穩定下來。有些孩子有意願讀書，或願意補英文，我們就資助這些孩子上英文課。

這樣的安置做了好多年，我負責找物資、找錢，其他的聯繫、安置、關懷……等，都是輔導老師做的。我和這些孩子其實都不認識，不會有喜好或差別的感覺。

我現在帶的這個班特別穩定，很多人都說我是燒了好香。雖然低收、中低收、清寒、隔代教養、單親的孩子人數超過一半，但是每一個都很配合，從來沒有人缺交功課。每天早自習我踏進教室時，比我早到的孩子都自發性的閱讀。我也想問問，我的運氣怎麼這麼好？

聽輔導老師說了之後，我才知道，原來我的班上就有好幾個孩子是我們長期協助的對象。

我想到以前常聽輔導老師說，其中有個孩子常常哭鬧不休，有個孩子功課交不出來和老師有很大的衝突，還有一個課業都跟不上，成績低落……這幾個孩子當時都有情緒和課業上的狀況。而我訝異的發現，輔導老師如果不說，我根本無法聯想。沒有呀！我完全沒發現他們有這樣的問題。

我想，或許是因為我們長期的關懷，讓孩子的作息穩定，不會放學後就面對空蕩蕩的家，不會到外面去遊蕩，有溫熱的晚餐可以吃，有安親班老師指導課業，再加上輔導老師帶的小團輔、紙藝課，這些都讓孩子慢慢穩定了情緒。在學校也因為作業的問題都解決了，成績都不錯。

從來沒有想過，原來我們做的一點點，可以讓孩子們有這麼大的改變。有個女孩幾乎隔兩天就會做一個戒指給我，我會戴著上課一整天。我知道她說不出口，但是她正在用她的方式，謝謝我這幾年的照顧。她對我說：「老師，我做了七個戒指要送給老師們，第一個，是給你的。」

記得好幾屆以前，有一次與一位科任老師聊天。他講到我班上一個孩子就有氣，說他成績差，完全沒有學習動力，上課懶洋洋，有時還會睡著，手上總是拿個不相關的東西把玩。只要看到他上課不專心，這位老師就會生氣的提醒他。

我跟科任老師說：「其實現在應該是他最好的狀況了，這已經是我們盡力的結果。」

這孩子從小就單親，爸爸為了養活他們兄妹三人，每天早出晚歸工作。孩子放學後，沒有大人在家，孩子明顯注意力不集中，無法自己完成作業，應該更早一點就去做診斷治療，但是他們家連下一餐在哪裡都不知道，爸爸又忙著工作，怎麼可能帶他去就醫？

這麼多年下來，輔導老師和我討論，放學後安置在安親班的孩子很多，由我負責找錢轉介資源，至於輔導和關懷孩子、與家長溝通等工作，都由輔導老師負責，也因此我對這孩子沒有太多印象。

孩子一年級的時候，輔導老師就發現他有狀況。我們討論後決定讓他放學後到安親班，至少不用回到空蕩蕩的家，也能完成功課，就不會因為作業沒寫而被處罰。輔導老師持續關懷鼓勵，並利用每個星期兩次午休的團體手作課程把這孩子抓得緊緊的。

他到我班上時，已經被我們安置第五年了。注意力不集中卻沒有就醫的他，能夠不干擾其他人上課，每天都有交作業，沒有任何行為問題，這樣已經是他最好的狀態。

我們無法想像在這五年內，如果他每天放學後都到處遊蕩，作業沒有完成在教室頻繁受處罰，學習能力與同學明顯有落差，甚至放棄學習，缺乏家長陪伴和教育，這孩子現在會變成怎樣？

他的成績真的不好，只愛畫畫和手作，注意力雖不集中，但是做手作時非常有耐心。我常常請他在美勞課時做示範，當小老師教同學。

他偶爾會帶輔導老師手作課程上做的作品送我，我會當眾讚美他：「你也太厲害了吧！做得這麼好！」我會鼓勵他：「以後可以朝美術方面發展，但是千萬別放棄學科，能學多少是多少。要多閱讀呀！這樣以後讀相關的文章和說明書才看得懂。」

那一年，我的班上有學習障礙、過動、單親、低收、中低收、隔代教養……等狀況的孩子共十位，占了全班的一半，但是沒有任何一位行為有問題的孩子，整個班都很穩定。

所以真的不是我帶得好，而是其中狀況最糟的四個孩子，是我和輔導老師從小一開始就安置的個案。這些每一個可能都會讓班上出狀況的孩子，在我帶的兩年內都沒有問題。

我很敬佩輔導老師，她的敏感度超強，豐富的經驗讓她很快就能找出孩子的困境，會找我一起討論幫助孩子的方法。多年前我們開始持續安置、追蹤的孩子，現在都上大學了，到現在輔導老師還與他們有聯繫。

要給這些孩子錢、米和物資很簡單，但是要想盡辦法不讓陷入困境的孩子放棄自己，是真的難。

一支人生的釣竿

前年暑假，住的房子要刷油漆，我請了一位學生的阿嬤來幫忙。這位阿嬤獨自撫養孫子，又剛好失業，我請她來賺一點工錢。

雖然阿嬤的動作很慢，但我發現她的工很細，很多小細節都刷得很好。我自己每年刷油漆已經覺得自己功夫很好，沒想到阿嬤刷得這麼漂亮。

當時雖然有裝潢師傅說有專業的油漆工班可以幫我用噴漆的方式施工，既快速又漂亮，但我還是找那阿嬤來替我粉刷。她一口答應，跟我約好時間就進場工作。

我後來才知道，阿嬤年輕的時候就是油漆工，是師傅級的。我沒有特別要求什麼，她卻準備了補土和砂紙，把所有牆壁上的細紋和裂痕全補土後磨平，再刷上油漆。另外像是屋角、踢腳板上的漆潮溼脫落，她也全部刮除處理後再上新漆。門框和漆剝離，她不只幫我的門框重新漆好，還替我買了矽膠來補妥接縫。這些都是我自己油漆時做不到的細節。

某天我跟著工程師跑了三個地方選購地板，整天都在外面，沒想到收到鄰居的訊息問我是不是在噴漆？因為隔壁鄰居的庭院到處都是油漆的碎屑。

我好心急，中午去看的時候，阿嬤有把室內比較不漂亮的漆刮除，屋內有很多碎屑沒錯，但是怎麼會飄到外面去？我都還沒搬進去就得罪了鄰居，那還得了？我很擔心是阿嬤找來幫忙的朋友把垃圾往外倒，急著想跟阿嬤聯繫問清楚。

阿嬤早上得先到一個餐廳幫忙，忙完後來替我刷油漆，工作八個小時後，晚上七點再去餐廳洗碗，要忙到九點半才回家。當時是八點多，我找不到阿嬤，也還好有這時間讓我緩衝一下。

找到阿嬤時，我的情緒和口氣溫和許多。我問阿嬤有沒有注意到工人把垃圾往外倒？阿嬤說沒有，她聽到有碎屑飄到隔壁鄰居的庭院，才恍然大悟的說，因為她架梯子幫我把陽臺上的陽臺燈附近的漆刮除後重漆，應該是刮除時往下亂飄。

我頓時感到非常羞愧，一直跟阿嬤說太高、太危險的地方就算了，沒想到阿嬤還是架了梯子站上去把陽臺頂的漆刮除。還好我詢問的時候口氣沒有太急，不然就太對不起她了。

這阿嬤一直以來就是我和輔導老師最疼惜的阿嬤。她為了養孫子，可以一天兼三份工作，連假日都不願意休息。即使辛苦，她還是很認真的完成工作。

每次她的房租付不出來，我和輔導老師拿錢補貼她，但她只要一領到薪水，就急著還錢給我們。給她任何物資，她從來不嫌棄，很珍惜每個人幫助她的心意。

我遇過很多生活困苦的阿嬤和孩子。有時可能因為長期貧困，在困境中找不到一絲希望。孩子或許也習慣了收他人的二手物品和贈與，生活中沒有任何努力的模範，激發不起努力的動力。我們即使幫助他們解決一時困境，卻解決不了整個家庭的處境。

我和輔導老師常常一邊做，一邊調整幫助阿嬤和孩子們的方法。

這些善意和物資的運用應該要有方法和底線，才能教育孩子自食其力，讓他們有尊嚴的活著。

2—14

跟懂你的人一起散步

常常有朋友們問我能不能幫助孩子們，我很自然第一個會先想到我們學校的孩子。如果有朋友私訊給我說想要捐款或給資源，我會先問校長或是輔導老師，尤其是輔導老師最清楚孩子們的狀況，他最知道哪個阿嬤幾乎不能走路，跟青春期的孩子相依為命，都吃得很糟；哪個阿嬤不能多給，會習以為常；哪個媽媽受家暴沒有工作，還要去做復健；哪個家庭已經三個月沒有繳房租了……

我們學校三百多個孩子，其中有許多需要幫忙，我想其他學校一定也有這樣的孩子。當我手上資源夠多的時候，我也會聯繫幾位認識的校長，看看他們的學生有沒有需要幫忙。

有一次，剛好有很多朋友私訊問我能不能小額捐款幫助孩子。我立刻問了五位校長，也請我們校長問問其他校長。校長們把低收的孩子名單和帳號給我，這三十幾位有意願捐款的朋友，我都一個一個私訊配對孩子，讓願意捐款的朋友直接把錢匯入孩子或家長的戶頭，然後再把匯款完成的資料彙整回報給各校校長。

我從來沒有主動要求任何捐款，能有這麼多朋友幫忙，我想都是出於對我的「信任」。他們信任我不會把錢放進自己的口袋，信任我能把善款妥善安排。

我沒有辦法深究各校三十幾個孩子的背景，也不能要求校長們給我每個孩子的個資，既然拜託校長們幫忙，能做的就是對各校校長的信任。

我相信校長給我的名單，一定是跟其他主任或輔導老師討論後決定的，他們一定就是很需要幫忙的孩子。

之前我接業配發的每篇文章，稿費也是直接匯入學校戶頭，我特別請廠商匯款時要指定用在資源班或特教班。我不會去詢問學校最後怎樣使用這些錢，我能做的就是信任學校與資源班的專業，相信他們能夠做出最好的分配利用。我們各自負責手上的資源，對得起捐款人，對得起自己的良心，這樣就夠了。

我要很自豪的說，這些年下來，我沒有愧對任何一筆捐款、任何一個善心的物資！

曾有朋友私訊給我表達捐款意願，我給了孩子的姓名和帳號後，他詢問我孩子的詳細背景，我答不出來。他對我說：「你不了解孩子的背景這樣太奇怪，讓人沒辦法接受。」

我真的能夠理解這位朋友的想法，但也要請大家諒解，我能做到最周到的方法，就是這樣了。

我想，任何合作都是信任和緣分，只要有疑慮就不要勉強，這樣才是讓善意傳播最好的方法。

我想對這些朋友們說：「**生命中最美好，莫過於跟懂你的人一起散步。**」

2—15

別讓我停下腳步，好不好？

我家妹妹從四個月大開始就醫，十個月大開始做復健，早療整整做了六年。我看過太多因需要復健辛苦生活的孩子和父母。

妹妹小的時候，我和工程師的收入還可以，卻為了上各種課程捉襟見肘，為了買輔具教具得細心打算，更不用說那些家境清苦的家庭要如何承擔這些費用？一雙矯正鞋就要六千元，一臺輪椅要幾萬元，很多身障家庭都只有單薪，根本買不起，只能犧牲孩子的需要和復健的療程。

廠商對我發出的業配邀約其實很早之前就有了，但我不希望我的專頁版面上有商業氣息，推掉了無數的邀請。我更不想為了錢生活得戰戰兢兢，深怕某一天被挖出來攻擊。

會開始接下業配，其實是從二〇一九年很多老師申請點讀筆開始。當時我家妹妹沒辦法認字，我自己在網路上買了點讀筆，嘗試把課文電子書灌到點讀筆裡，讓課本變成有聲書。我看見妹妹終於可以看著課本聽課文的那一刻，真的好感動。我可以體會孩子沒辦法讀寫的痛苦，希望有更多像妹妹這樣的孩子可以得到幫助。

當時好多網友主動捐了點讀筆，於是我決定排兩檔業配讓大家來購買點讀筆，並捐出了上千組。

我會想到請廠商把錢存到學校教育儲蓄戶，是因為剛好學校轉來一個孩子，只要暴躁憤怒就會動手攻擊同學。輔導老師急著替孩子和媽媽安排心理諮商，但是臨時無法寫計畫申請，緩不濟急，我只好請廠商立刻把錢匯入。那孩子才兩個月就整個穩定下來，不再動手打人傷害自己。

聽到有資源班老師送計畫申請輔具教具，卻一直沒有成功，我才知道原來要申請輔具幫助孩子，是這麼困難的事，有很多資源班老師甚至必須自掏腰包或自製教具。我想，既然沒辦法幫助個人，也沒辦法一一確認每個家庭是否真的需要補助，那麼我應該可以讓各校資源班的老師們來幫我確認和處理後續購買事宜。

我聯絡了認識的幾位校長，問問資源班的需求，從我身邊的學校開始，給這些資源班老師們一些幫助和力量。當時光是十五臺印表機，我就不知道問了多少間學校，確認資源班真的有需要且學校願意接受，才收集好資料請廠商寄去學校。

我想到自己的每一篇文章都能帶來這麼多資源，能夠讓暴躁憤怒的孩子得到幫助；能給四十個孩子過年的紅包；給四個學校三十幾個孩子奶粉；能解決資源班老師送三次都被退回的計畫；能買孩子們需要的輔具；能給十五個資源班教室各一臺印表機……

這每一篇文章，都讓我得到了莫大的喜悅，比錢進到我自己戶頭還要有成就感。

如果我能夠善用大家給我的人氣和觸及率回饋社會，幫助這些辛苦的孩

子，我怎麼能放棄？

請讓我做到不能做為止，做到沒有人需要我為止。別讓我放棄幫助孩子，別讓我停下腳步，好不好？

Part 3

大家 都是 神老師

神老師不是神，在行善的路上需要許多人一起走！
學校裡的校長與輔導老師、愛心滿滿的粉絲與網友、
親愛的神隊友與家人……
是大家一起，造就了這個有愛的環境……

3—1

只是按照本心在做事

二〇二〇年九月，我之前做公益的業配捐款被黑函檢舉。當時我們學校的校長才剛到任，一到學校就必須處理一連串問題。

我以為這次會像以前一樣，只要有一點風吹草動就被校長叫去罵。沒想到新校長打電話給我，說：「你不要擔心，我趕回去跟你談談，我們一起處理和面對，你放心。謝謝你對孩子們和教育的付出。」

接到那通電話，我久久不能自已，淚流滿面。

網路的力量大，傷害也大。一直以來，我都是自己面對，腹背受敵，沒想到這位才剛認識幾天的新校長，卻在我惹了那麼大的麻煩之後，說要跟我一起面對。

校長不斷的幫我查詢法規，詢問專業人士，想盡辦法幫忙我解決問題。看到他為了我的業配捐款必須承受這麼多壓力，於是我答應他把當時已經安排好的先做完，之後就不再接這樣的案子。

從那時候開始，只要收到物資或是有網友願意捐款，我常常拜託校長幫我問問各校有沒有物資和捐款的需要。我們把自己學校裡的孩子照顧好，也希望讓其他需要協助的孩子能夠得到資源。

校長常常幫我詢問各校的需求，給我各校的匯款名單、寄件資料和物資數量，在我與其他學校之間協助聯繫，事後還要提供各校收據寄送的資料。有時收據沒有及時寄出，校長還會幫忙我去提醒。這些捐款捐物的事情很繁雜，給他增添了很多工作，但校長從來沒有拒絕，也沒有抱怨過。

有一次在討論時，校長對我說：「你辛苦了！」

我問校長：「我有時候實在很錯亂，之前做這些都被認為是在作亂，您竟然跟我說辛苦了？我都放棄人性了，現在要把我的信任撿回來嗎？」

校長回覆我：「每個人都有不同的想法和看法，我也是按照本心在做事而已。」

做這些工作之外會引發爭議的事，我真的沒有想得到什麼，僅只是聽到一句「辛苦了！」就足夠了。

每一屆的五年級要接受學力檢測，之前只要班級成績不好，五年級老師就會被叫去檢討，儘管考的是一至五年級的內容，但五年級老師要承擔所有責任。然而新校長則是把我們請到校長室，告訴我們可以透過哪些方式幫孩子們複習，做模擬考讓孩子們熟悉考試。他總是說：「盡力就好。」

有一次我發現隔壁教室可能需要幫忙，傳了一個訊息，校長立刻到教室關心，想辦法解決老師面臨的問題。他跟我說：「謝謝你告訴我，才能及時幫助孩子和老師。」

我擔心自己請假去演講會讓校長難做人，所以我從來沒有問過他能不能請假，就算他願意給假，會不會又得承受更多壓力？

我請校長一切公事公辦，到了這個年紀、年資，我其實把考績看得很淡。發生業配捐款這件事時，我就說過，如果考績乙等可以換來這麼多資源給特教、給學生，一切都是值得的。

我傳了訊息向校長道歉：「真抱歉，一篇抒發文又給您找麻煩。我完全沒有怪罪學校的想法，學校依照規定處理，我非常支持，可能文字被誤解，我沒有那樣的意思，真是抱歉。」

校長回應我：「沒事，只是一直接到記者的電話有點嚇到。」

我相信這件事一定給校長造成很大的困擾，但是一如往常，校長以高EQ回應所有問題，替我擋掉很多的壓力，所有重點放在解決問題上，讓我心裡愧疚不已。

新校長來的這段時間，我的脾氣和想法改變了很多，或許是不再需要武裝對立，很多事情就能緩下來想清楚，當然，我想我需要改進的地方也還很多。

我一直把FB當日記寫，無論是跟工程師的笑鬧、帶妹妹的甘苦、教學上的省思，連小貓到樓頂放風都寫，這就是我的生活和心情的點點滴滴。但是隨著粉絲頁的曝光率，每個人看文章的觀點和角度都不一樣，一個心情抒發惹來這麼大的風波，透過媒體的選擇和帶領，過多的揣測和評論讓很多事情變了樣，我不再能隨心所欲。

我的文章讓校長和學校被誤會，在此我誠心的道歉，深刻反省，希望之後，能夠成為更好的自己。

3—2

有心，可以戰勝一切

六年級的國語第一課，課文內容是講一位美國人發起藍絲帶運動，發起人把一條藍絲帶送給她想要讚美或感謝的人，再給對方兩條藍絲帶，請他送給想讚美或感謝的人。

我問孩子們：「你們想把藍絲帶送給誰呢？」

幾年前，有一位行動不太方便的阿嬤，在每個星期一早上總會到學校來，坐在輔導老師教室前的長椅上。輔導老師會放下手邊工作和阿嬤聊聊，有時會看到輔導老師輕輕拍著正在落淚的阿嬤。

我問輔導老師：「阿嬤怎麼了？是你的家長嗎？怎麼常常上來？」

輔導老師說：「是幾年前的學生的阿嬤，每個星期一就會上來跟我聊聊天，借一點錢。」輔導老師每個禮拜會給這位阿嬤五百元……我好驚訝！

「她每個禮拜來跟你借錢，你還能對她這麼和藹可親？」

輔導老師說：「這阿嬤真的很辛苦，行動不方便，年紀大又沒辦法工作，親戚鄰居都不願意幫忙了，她才忍著腳痛來找我。我陪阿嬤聊聊天，不要讓她想不開，就當作心理諮商了。她願意踏出家門走走，讓我看到她還健康，知道畢業那孩子有正常去上課就好……五百元就當作她來打卡上班，反正我每個月都在捐錢，把錢拿來給阿嬤買菜養三個孩子多好！」

如果是我遇到這樣的阿嬤，我能不能有這樣的耐心？

每個星期要接收一個無助的阿嬤在生活上困難的點點滴滴，還給了阿嬤五百元的買菜錢，這真是要有很大的耐心。

可憐之人必有無法解決的問題，我們試過很多方法，給了很多資源，還是不能改變阿嬤家的經濟狀況，更無法改變他們長期的生活方式。那就像是個無底洞，我們填不滿。

我和輔導老師決定不再給阿嬤現金，只針對孩子幫忙。我們提供孩子鞋子、書包、衣服，有物資、米的時候，輔導老師會專程送一份給現在沒辦法來學校的阿嬤。她讓阿嬤家可以讀書的兩個孩子放學後安置在安親班，讓他們至少能完成功課。

只要逢年過節或寒暑假時，就會看到輔導老師忙碌的送物資到這幾年輔導的家庭去。即使孩子畢業多年，她仍持續關懷。

我跟輔導老師開玩笑：「又沒有行政加給，你這麼拚？」

她反問我：「你不也是放不下？」

就是這一句放不下，讓我們兩個這麼多年互相鼓勵和提醒，一直在想辦法調整幫忙弱勢家庭的方式，找出讓孩子好好讀書的最佳方法。

有心，可以戰勝一切。

我的第一條藍絲帶，要送給在輔導工作上二十幾年、不求回報、永不放棄的輔導老師——黃為寧老師。

如果，你的手上有三條藍絲帶，你又會想送給誰呢？

我們都不要吝嗇對別人的付出給予肯定和感謝，一句謝謝，可以給付出的人更多動力。

3—3

在每個位置，接住孩子

以前輔導老師在我隔壁班的時候，常常因為中午有心理師要來跟孩子或孩子的照顧者諮商，連午餐都沒得吃。

有時聽她提到經費不足，有孩子需要諮商卻沒有錢可以安排，讓她傷透腦筋。我常常覺得疑惑：為什麼要花這麼多錢做諮商？有用嗎？

有些孩子在學校有狀況，家長沒辦法完全了解，當老師告知時，甚至會讓雙方陷入僵局。有時老師向家長點出孩子的狀況，會讓家長誤以為老師在找麻煩，以為老師不喜歡孩子，但是透過家長自己的敘述，由公正的心理師向家長分析後，卻能找出癥結，讓老師和家長都好好思考，看看能夠為孩子做什麼改變，找出孩子真正的問題。

同樣的問題，專業的心理師能讓老師和家長都朝向理性思考，而不是意氣用事的對立。

當一個孩子有嚴重行為問題時，家長一定承受了很多壓力。有時陷入困境，連家長都憂鬱難解，所以在心理諮商時，心理師會引導家長思考問題，也讓家長的無力、怨氣有了出口。

有時很訝異，家長對孩子或老師說不出口的話，在心理師面前卻能夠侃侃而談，讓我們對糾結在現狀的孩子或照顧者更加了解，也更能知道他們埋在心裡的苦。

輔導老師常常說：「家長穩定了，孩子才能穩定。」

有個轉介來的孩子易怒、不願意上學、作業不寫、不服管教，輔導老師會陪著心理師和他阿嬤對話，讓阿嬤把心裡對孩子爸爸的結解開，面對孩子真正的問題。也曾遇到衝動又常暴怒的孩子，透過對他媽媽的心理諮商才發現，原來是媽媽常受到爸爸家暴而有情緒問題。有的孩子拒學，原來是捨不得離開憂鬱症的媽媽；有的孩子慣竊，原來是得不到母愛，心理的空乏要藉由偷竊來填補。

我跟過幾次諮商過程，發現要從心理方面解決照顧者的問題，了解孩子對父母和家長說不出口的感受，很需要技巧。當孩子們心理的問題解決了，行為問題就消失了。

只不過諮商需要很多錢，我常看著輔導老師為了孩子們和辛苦的照顧者需要諮商卻沒有經費而煩惱，也常常看她自掏腰包支付諮商費，實在讓我很不忍心。

我們都不想因為壞掉的大人而委屈辛苦的孩子，也不想慣壞濫用資源的家庭。

我和輔導老師幾乎每天聯繫，討論各個家庭的狀況和態度：哪個阿嬤把孩子照顧得很好？這個月可以多加些什麼？或是關切孩子的學習、家長的工作等等。

遇到挫敗時，我們互吐苦水，互相安慰鼓勵，再繼續調整幫助孩子的方法，給什麼、給多少、怎麼給，都是學問。

我對輔導老師說：「我們在學校把孩子接住，孩子就不用去安置機構；安置機構把孩子接住，孩子就不用去監獄。**我們每一個人在每個位置把孩子看顧好，就能減少很多憾事。**」

接住孩子的這些事，我和輔導老師始終在做，即使方法一直在調整，卻從來沒有想過要放棄！

我們各自在能力範圍內，一起完成這些不讓自己遺憾、讓孩子得以成長改變的事。

3—4

永遠是他堅強的後盾

幾年前，因為貢丸湯事件，很多人主動說要捐錢給那孩子的阿嬤。我當時告訴阿嬤，錢一定要留下來給孩子讀書，其他科目我可以幫忙，但一定要讓他去補英文。那時孩子五年級，連一個單字都沒辦法背，完全零基礎，讓我很擔心。

孩子的阿嬤就這樣省吃儉用，讓孩子補了英文，之後有次月考考了九十幾分，甚至可以糾正我唸錯的單字。

阿嬤說，她生活還過得去，本來就過得簡單，沒有太多的慾望，可以維持打平的狀態。之前受了大家這麼多幫忙，請我告訴捐款給她的朋友，請去捐助其他更有需要的人。

我問她，那孩子畢業以後呢？如果沒有這些支持，等到她的善款用完，又遇到狀況怎麼辦？她突然安靜下來，說她也不知道。

我告訴阿嬤，孩子很聰明，可以繼續讀書，只是欠栽培，以後要支持他上大學、研究所。我請阿嬤一定要堅持下去，如果錢不夠打電話給我，讓我知道，我會替她想辦法。

阿嬤說：「真的可以嗎？這兩年已經讓你照顧這麼多，畢業以後真的還可以找老師幫忙嗎？」

這個孩子之前沒有鞋子穿，朋友送了第一雙鞋讓大家很感動，紛紛說要捐助他衣物、鞋子，也因為寄送給他的衣物實在太多，我們開始幫助全校清寒低收的孩子。

當時物資大量湧進，願意幫忙的人更多了，我們動員不少人幫助全臺各校與機構，現在已經來到第二十三所。

這個孩子一直都是協助我做這些事的好幫手。他會幫忙去警衛室領包裏，負責拆箱把衣物和文具定位，之前要送出三箱物資，我一邊唸清單，他一邊幫我找出東西排放在箱子裡，還會幫我把箱子用膠帶封牢，讓我寄出。

這個善的循環，從大家幫助他開始。

我帶著他去回饋社會給他的幫助。他從一個習慣受人資助的孩子，到後來會主動問我需不需要幫忙，會跟我一起處理這些繁雜的事物，真的長大成熟好多。對他的未來有再多擔憂都於事無補，我只希望他能習得正向又積極的人生態度。

不管是阿嬤對人生的態度，還是發生在孩子身上的每一次事件，他都有正向學習的進步，這讓我有很多深刻的體悟，真的很感謝他們來到我的生命中。

我告訴阿嬤，不用擔心，只要孩子願意讀書，我永遠都會是她最堅強的後盾。

3—5

改變一個孩子，靠的是團隊的努力

要讓這位走投無路的阿嬤租到房子不容易。很多房東一聽到是一個阿嬤帶著一個孫子，總是會突然臨時有事，輔導老師只好到處打聽，最後終於找到願意租給阿嬤的房東。

阿嬤連押金和第一個月的房租都沒有，最後透過輔導老師向親友募款，加上我給的搬家紅包一萬元，祖孫倆總算安頓下來。

那房子裡只有兩張床，其他什麼都沒有。我貼文之後，有一位善心網友送了一臺冰箱，我也把家裡多的鍋碗瓢盆都送去，讓他們的晚餐可以自理。

為了讓孤單的孩子不要在公園玩到晚上十點，我們想了很多辦法，但是沒有手機、沒有電視，這孩子在家裡待不住。就是那麼剛好，有一位朋友聯繫我，說有一臺電視可以送給阿嬤，終於解決了孩子在外面遊蕩的狀況。

阿嬤在過年那段時間還沒有正職工作，沒有工作就沒有薪水。在大家準備過年時，她卻不知道下一個月的房租從哪裡來？那時有很多人捐錢給另一個家庭，我則從中請託幾位朋友幫忙這位阿嬤，讓她度過最難的年關。

這位阿嬤是我們幫助過最有能力和決心的阿嬤。她搬來以後，輔導老師陪著她把孩子安頓好，阿嬤就到處工作，雖然薪水不高，但是生活還過得去。

用錢可以解決的問題都不是問題，最大的問題其實是那孩子從小不斷改變的環境，還有被前一所學校拒絕的傷害。他是我看過最叛逆又負面的孩子。

而我最佩服的是我們學校資源班的團隊和他的導師。

每一次討論這孩子的問題時，沒有人問過為什麼他要轉過來；沒有人抱怨生氣，而是一起想該如何幫助他，一起思考他有狀況時該如何處理。

大家想了很多辦法，因應他的行為不斷調整。

輔導老師不只是輔導孩子，還輔導阿嬤，讓阿嬤的教養方式改變，幫孩子找安親班，讓安親班園長一對一看顧他，也讓工作晚歸的阿嬤不需要擔心孩子的安危和去處。

我則是提供了很多大家捐贈的物資，像是米、麵包、衣物和鞋子等等生活所需，還有網友寄送的積木模型當作他的獎勵品。

在他犯錯時，我們請他最敬畏的學務主任來處理。主任從來不是打罵，而是帶著他去打掃，一邊走，一邊好好開導他、鼓勵他，讓他的情緒冷靜下來，知道自己的行為該有調整和改進。

要改變一個孩子，不可能單單靠一個老師。學校有一整個團隊為了這個孩子費盡心思，用了半年的時間，終於看到成果。

剛轉來時，這孩子的眼神總是凶惡，即使在走廊上看到我或跟我擦身而過，不但沒有打招呼，還會惡狠狠的瞪我。可是現在他遇到我，會笑著跟我說：「沈老師好！」

以前在放學路隊中，總找不到這孩子，他不願意跟大家一起排路隊，寧可待在教室等大家走完才回家，後來他會乖乖排著路隊去安親班。

一個充滿恨的孩子，用敵意面對所有靠近他的人，用暴力解決所有的衝突，但是當他信任環境、相信老師真心關懷，就會卸下心防，不需要任何處罰，就能讓孩子回到他該有的樣子。

輔導老師只要發現孩子和阿嬤有所改變，都會開心的來跟我分享喜悅。她會告訴我阿嬤需要什麼，也討論我們下一步該做什麼，要用什麼東西來獎勵孩子。甚至在假日阿嬤需要工作時，她會帶著那孩子和自己的孩子一起出遊、吃飯，在相處中慢慢調整孩子的行為和態度。

很多輔導工作就是這樣一點一滴，不為人知的做著。有時孩子犯錯，被傷害的孩子家長可能只有看到道歉了事，可是在道歉過後，是一大群人努力的開始。

感謝曾經給予幫助的每個朋友，我們還有很多工作要努力，我們會繼續看顧阿嬤和孩子。

孩子的進步，就是給我們最大的動力，讓我們知道努力是有價值的。千萬不要輕易的放棄任何一個孩子。

3—6

讓善意多一分細心和體貼

其實，我一直不太敢面對要搬教室的這件事，哈！那是一個非常龐大的工程。

我十幾年來沒換過教室，歷屆畢業孩子的作品我都捨不得丟，這幾年累積的課外書、雜誌、漫畫有上千本，就像是個小型的圖書館。我很重視閱讀，喜歡孩子隨手就能選自己喜歡的書，教室所有的書櫃都排滿了書。

我還買了很多桌遊放在教室，每個星期在班級活動時間都讓孩子們選喜歡的桌遊找同學玩，不僅可以動腦，還能和同學互動。

最可怕的是和室地板。大家寄給我的二手衣、鞋、文具、玩具、玩偶、書包等等，我已經送了很多出去，將近一年沒有再募集了。但是因為這兩年領用的孩子較少，還是留了很多。之前我買了十二個整理箱，衣服還照低中高年級、男生女生、夏天冬天來分，光是辨識分類衣服就讓我好頭痛，更不用說各式各樣的東西。

我找來專門整理清潔的朋友，她帶著夥伴來幫我搬家、整理、清潔，花了四個早上，終於把我的教室整頓好！

她不斷跟我說：「太恐怖了！太恐怖了！」

我心想：「我知道很恐怖呀！沒看到我都裝死不敢去看你搬？」

收納整理專家廖哥（廖心筠）看到我說要搬教室，立刻說要來幫忙我。一趟路這麼遠，我實在不好意思她跑這一趟，但是她趁著北上開會的空檔，真的跑到我教室來！

她直攻最難的和室地板，一邊整理，一邊問我：

「為什麼會有人寄老人的西裝給你？」

「這種性感的緊身衣和紗網裙適合國小的孩子嗎？」

「寄高跟鞋是要給誰？」

「天呀！竟然有舊內褲、舊襪子、已經起毛球縮水的舊手套！」

「這衣服都已經鬆掉，整件都是黃斑汙漬，這樣送給孩子，他們會有什麼感覺？」

這就是我越來越不想收二手衣的原因。

每一次募集物資我都會寫清楚年紀與需要的類型、季節，但是總有人把整個衣櫥翻開全都寄來給我，甚至還有廚房的舊鍋子、黏滿陳年油垢的鍋蓋、家裡不要的東西。還有些人沒有和我聯絡，每次一換季就把不想收起來的衣服寄幾個箱子過來，季節完全不合，讓我連拆箱都覺得累。

光是整理、丟掉完全不能穿的，我得花費好多時間和力氣。

如果說我收過老式手動的支票機，你相信嗎？

說我收過整個褲底都破了像開襠褲那樣的牛仔褲、整袋都是跳蚤屍體的玩偶，你相信嗎？

我還收過裡面的內袋都破了、外表都是黴斑的書包，我怎麼捨得給辛苦的孩子用？

如果我們把領用二手衣的孩子當作自己的孩子，就不會寄出不要的東西。很多時候，善心和熱忱會被忙碌和隨便的善意給耗盡。

花了整個下午，廖哥幫我把衣服全部重新分類，拆掉十幾個紙箱，整理出一座像山一樣高但不適合孩子們穿的衣服、鞋子。她把所有衣物整理得整整齊齊、一目瞭然。

廖哥一直說她沒有把整間教室都整理一遍很不好意思，但她不知道光是整理這些二手衣鞋，對我來說就是最大的幫忙了。

有一次我跟臺東的資源班老師聯絡，她告訴我有個貧困家庭，四個孩子到現在穿的都是我寄去的二手衣，用的是我寄去的文具，聽了讓我又開心又難過。我很想把事情做好呀，很想讓沒有衣服的孩子有衣服穿呀，但是我力不從心……

我從來不會後悔開始做這件事，如果沒有自己真的去執行，就不會知道慈善機構為什麼只希望大家捐款，不想收二手衣，因為真的太難了。

真的非常感謝來幫忙的朋友和廖哥。專業的事情交給專業的人來做，真的比我自己瞎忙一場來得有效率得多。

希望我能再一次準備好，鼓起勇氣，把這些事做得更好。

每個人的善意如果都能多一分細心、多一分體貼，或許做起來就不會這麼難了。

3—7

宅男神爸爸的心意

小時候和爸爸很疏離，覺得他非常嚴厲，對他避之唯恐不及，深怕自己說錯話，也怕他在唸我的時候我表情不對就惹他生氣，所以我從來不坐在他身邊，能離多遠就離多遠。

高中的時候我常常週末去打工，在服飾店裡一整天站十二個小時，晚上十點半下班時，已經沒有回家的公車，只能坐其他路線的車到山下，再走路回家，回到家都接近半夜十二點了。那時路上有一個暴露狂常常會出來嚇人，深夜走那條必經之路讓我非常恐懼。

國中時上學看到暴露狂，回家跟爸爸說的時候，爸爸告訴我：「那有什麼好怕的？就走過去呀！他敢怎樣？」對於一個大男人來說可能沒什麼，但是當時還是國中生的我，每次經過都只能害怕的狂奔，深怕身後的暴露狂會追上來。

所以我從來不會主動要求爸爸接我回家，應該說我不管遇到什麼困難，從來不會向爸爸求助。

有一次我跟媽媽提到這件事，坐在旁邊的爸爸竟然說：「下次你回來的時候打電話給我，我到山下去接你！」那大概是第一次，我感受到爸爸的關心，雖然只接過兩次，也讓我永遠放在心裡。

前陣子回娘家跟爸爸聊天，談到幫忙以琳少年學園整理環境的事。我跟他說牆壁上有好多前一任房客裝潢留下來的電燈開關孔洞，如果只為了這一項找水電師傅，應該沒有師傅願意接。

爸爸說：「這個我會呀！」他要我請牧師數數看數量，讓我去水電材料行買燈座開關蓋、開關蓋裡的鐵盒、矽利康、螺絲釘，一再叮囑我要去哪裡買、要買哪一種……

他跟我約了中午去接他，準備了好多工具。我的天啊，連電鑽、鐵鎚他都帶了，還帶了水泥。

我問他為什麼要帶水泥，他說：「這麼多個洞如果都用矽利康，要很多錢，用水泥大概只需要二十元，比較省。」

下午一點，我們到了以琳，他開始處理。電燈開關座裡有一個小鐵盒，剛開始幾個小鐵盒很完整，爸爸只需要把新的開關蓋鎖上去就可以了，換到第五個才發現小鐵盒已經鏽蝕，一邊的螺絲孔斷了，只能把已經被水泥黏在牆壁裡的小鐵盒挖出來換新的，才能換新的鐵盒，鎖上開關蓋。

就這一個孔洞讓爸爸又是敲又是鑽，我看他出力到整個臉都紅了，拿起鑷子幫忙拉，才一下下我的手就快破皮了。

處理了一個小時，終於把小鐵盒拿出來，原來是之前可能有師傅在鎖螺絲孔斷掉的地方加了一根非常長的鋼釘，才會讓小鐵盒緊緊釘在裡面動彈不得……

蹲了一個多小時，爸爸站起來時腰都挺不直，請他休息也不要，要他喝水也不要，一直問還有哪裡需要換？最後是因為缺材料無法更換，他才甘願休息喝口茶。

我們到五點半才離開以琳。離開前，爸爸告訴牧師：「看看還有沒有需要換的？如果有就跟沈老師說，我再過來。」

原本以為爸爸是說客氣話，他工作了四個多小時一定很累了，我有被他唸一整路的心理準備。沒想到在回家的路上，爸爸一直問我：「昨天牧師不是說有十九個？今天才換了十個呀，還有九個沒有換到。你再約時間，我過來換。」

他竟然沒有抱怨那桶完全沒有用到的水泥，也沒有抱怨那個讓他處理了一個多小時的鐵盒，沒有問我材料費怎麼算，沒有問一句為什麼要做這些。一路上他就是一直煩惱還有工作沒做完，還說換好以後牆壁刷一刷就會很好看。

我爸爸是個老宅男，平時足不出戶，我妹妹殺手蘭偶爾勸得動他，帶他去吃飯，不過只能在基隆。有一次殺手蘭想偷偷帶他去臺北吃飯，他一看到要上高速公路，超生氣的！立刻要殺手蘭回頭。他嫌出門麻煩，說去臺北太遠……但是，他卻為了以琳要換電燈開關，願意跑這麼遠的路，甚至願意去兩趟把工作做完。

其實我的心裡很矛盾，一方面很愧疚讓七十幾歲的老爸爸這樣勞累，一方面又很開心看到不願意出門的爸爸做這麼有意義的事。姐姐說我對某些事的偏執，超像努力工作中的爸爸……

我以前小時候超怕他。他很凶、很嚴肅，我連坐在他身邊都不敢，一直認為他是無所不能的恐怖巨人，真沒想到有一天能開車載他，還跟他一起完成工作。

我覺得，我這位認真工作的爸爸，最帥了！

3—8

就是幸福的感覺

那天，我去大光兒少之家時，一個孩子因為腳太大，沒能選到鞋子，另外兩個孩子則外出不在。後來我又準備了三個孩子的鞋，去大光一趟。

其中一個國中孩子看到我拿出鞋子，意外的開心。

「哇！這什麼？要給我的嗎？這麼好！超帥的！」

「這個牌子是我喜歡的！」

「穿起來剛剛好耶！好舒服喔！我有在跑步，這雙跑起來一定很快！」

他嘴巴上一直開心的說著，穿著鞋子一直跳著，鞋子穿上去就捨不得脫掉。看到這孩子興奮開心的樣子，我告訴他：「看到你喜歡、你開心，我也好開心呢！」

另一個孩子穿著上一次帶去的外套，試穿了他的尺寸，不像旁邊的同學那樣激動，但是看得出來非常高興。

「怎麼這麼剛好？就是我們兩個的尺寸耶！」怎麼可能那麼巧？那當然是我特地依照他們的尺寸買的呀！可惜大腳的孩子還是穿不進去那雙籃球高筒鞋。

隔天我又找了一雙十號半的鞋，去了大光。沒想到孩子穿進去卻很剛好，大概再過幾天就不能穿了，應該要穿十一號的才行……

看到那孩子失望的說著：「我的腳真的太大了。阿姨，沒關係！」

我告訴他：「你等等我，我一定幫你找到鞋子。」

從大光離開是晚上七點，我帶著我家妹妹和整車的衣服、鞋子。我們去了在深澳坑的主恩兒童之家，我和妹妹把兩大箱鞋子拿出來排好。老師幫忙我請孩子們一個一個過來試穿他們自己選的衣服，並試試看有沒有適合的鞋子。

其中一個小小孩領了外套、找到一雙白色的慢跑鞋，超開心。我們誇獎他：「你好帥呀！怎麼這麼會選？選到這麼帥氣的衣服！」

那孩子抬起下巴、擺弄著外套，走路搖擺著說：「你看！我像不像型男？」他在我們眼前不斷晃來晃去，展示著新衣和新鞋，實在太可愛了！

當時在訂外套時，有個小女生訂了牛仔外套，我心想，這怎麼能保暖？但是我想尊重孩子們的想法。那天晚上看到那小女生穿上自己選的牛仔外套，她說：「阿姨，我一直好想有一件這樣的外套呀！」她不斷轉圈圈跳著舞，開心的到處要別人看看她的新外套。

回程時，我問妹妹有什麼感覺？

她說：「我覺得自己好幸福。」

問她為什麼這樣說，她無法解釋，只說：「就是幸福的感覺！」

妹妹的話讓我想到，之前有次去士林地方法院演講時，認識了調保官。我拜託調保官給我安置機構的聯絡方式，讓機構裡的孩子們都能選一件新衣，希望趕得及在過年前把衣服送到孩子們的手上。

每次跟許多學校、機構聯絡，每個主事者的態度都不一樣。我遇過熱情招呼也反應熱烈的感謝；也遇過冷漠覺得我多事的人，知道我送衣服到了，在櫃檯看著我繞了三圈終於找到停車位，並讓我一個人搬五箱衣物，辦公室裡好幾個人卻沒有任何人出來幫忙；我跪在地上讓孩子們試鞋子，沒人來請我坐一下，一杯水都沒有，甚至沒有人過來寒暄兩句。

還好我身經百戰，看盡人情冷暖，只要看到孩子們心滿意足的表情，這些人對我如何，一點也不重要。如果他們這樣冷漠，我會更想對這些孩子好一點。

只看孩子們的笑容就好，不用在意任何人的臉色。

我藉此提醒自己不管有多辛苦，**千萬不要失去了熱忱，不要忘了自己努力的初衷，不要放棄為孩子們努力，不要為了任何不重要的人放棄。**

3—9

感謝無條件支持我的你

二〇二一年三月初，發生了我的粉絲頁被盜事件，警官要我把黑粉名單整理出來。也因為這件事，我不得不想起他們這些年來攻擊的言論，真是讓人痛苦難受。

我不認識他們任何一個，只是因為我的作風讓他們不喜歡，就可以隨時酸幾句，各式各樣的暗諷明指，沒有任何證據的隨意栽贓，公開糾眾言語霸凌，把我的努力說得像是一場騙局，說得一文不值，到底憑什麼？

我們不是都教導孩子要尊重他人？如果這樣的人都能算是好人，那我算什麼？

當時可能是為了處理粉絲頁被盜的事壓力太大，緊張、焦慮、難過……負面情緒到了臨界點。我把車子停在路邊，號啕大哭一場，哭到腸胃都絞痛，喘不過氣來。

即使心地再好，只要會口吐惡言、用鍵盤傷人，都不能算是好人。

我自認是非常堅強的人，累積這麼多負面還是會有崩潰的一刻。如果是第一次遇到這種事的人，如果是剛好憂鬱症發作，會不會因為這樣一篇隨意的黑文就想不開？

有時會覺得自己很沒用，看到很多網紅被罵翻還能戰回去，我卻這樣為幾個黑粉難過，到底是有多脆弱？

那天，我難過的跟工程師說：「他們說我偽善。」

工程師說：「你不是偽善，是陽痿……」

我爆笑出來，「我哪有陽可以痿？」

工程師說：「我說你陽痿，你會說沒有，那他們說你偽善，為什麼你就相信了？」

呃……一定要用這樣的例子讓我懂嗎？

工程師陪著我開七個小時的車到那瑪夏，又花了週末兩天來回花蓮兩趟去送衣服鞋子。看著我晚上回訊息回到深夜，聯絡機構統計鞋子數量、尺寸，跟朋友們討論訂購鞋子的方式……無論去哪裡他都會陪著我，用他的方式支持我，他最清楚這一切都是真的。

我說我老了、胖了、醜了，他會說：「沒關係，你本來就不是靠臉吃飯的……」

他常常用這種讓人驚訝的方式來開解陷入糾結的我，不惱不怒，提醒我注意改進，其他的，我們都清楚自己在努力什麼。

這些年，我為了宣傳融合教育不斷努力奔走，還好有工程師一直在身邊陪伴著。他的個性沉穩，總能讓我靜下心來，不再煩躁焦慮；他的幽默風趣常常讓我忘卻傷心和煩惱。

我能夠義無反顧往前衝，都是因為有他在當後盾，無條件的支持我去做善事，陪我送衣服到那瑪夏，送鞋子去花蓮，去臺東演講……他從來沒有一句怨言和批評。

人生中有一個無條件支持自己的人，真的很幸福。

3—10

我們最堅強的支柱

或許很多人想知道，為什麼我的弟弟和妹妹能在非傳統的職業中發光發熱？我想，最大的關鍵應該是我的媽媽。

我小的時候，家裡經濟狀況不太好，總是看著媽媽為錢煩惱，尤其是被倒會、拖車頭被偷欠幾百萬的那幾年，我們家經濟拮据，為了每學期六個小孩的學費，媽媽到處借錢，卻從來沒有讓我們缺交費用或餓過一餐。

親戚常勸媽媽：「五個女兒的學費不是小數目。女兒長大就嫁人了，幹嘛讀這麼多書？應該趁結婚前趕快讓她們去工作賺錢。」但是無論經濟再困難，媽媽還是堅持即使借錢也要讓我們讀書，她說不管讀到幾歲，學費都算媽媽的。「能讀就讀。有學歷，將來就業和結婚一定會不一樣。」

我的爸爸非常傳統，沒辦法接受新觀念，總是開口閉口就罵人。妹妹拚賽車、弟弟打電競，媽媽總是一邊瞞著爸爸，一邊鼓勵他們。妹妹賽車贏得獎盃，媽媽會給獎金鼓勵；輸了比賽，媽媽會包個安全獎的紅包給妹妹，說只要有平安歸來就是贏。

媽媽說：「怎麼可能不擔心？從她比賽的前幾天開始我就睡不好，可是禁得了嗎？」

媽媽最清楚我們六個孩子每個都很有自己的想法，個性都好強，越是禁止，我們只會背著爸媽偷偷去完成，他們就會被矇在鼓裡，不知道孩子在外面做什麼。媽媽覺得既然這樣，不如用支持的方式，先了解孩子在想什麼、做什麼，孩子知道媽媽關心，心裡也會有分寸。

她總是站在孩子的身邊，成為孩子最堅定的支柱。

我媽媽只有國小畢業，從小她沒有教過我一題數學、一個單字，卻在五十幾歲克服萬難去國中讀了夜補校，甚至讀到空大畢業。她以身教和無比的毅力，讓我們六個孩子一個讀完EMBA，一個臺大、一個成大畢業，一個當了老師，妹妹殺手蘭成了賽車手，我最小的弟弟成了電競國手、電競主播。

我很佩服媽媽面對六個個性都很強烈的孩子，用智慧安然度過我們的青春風暴，盡力支持、鼓勵我們，讓我們每個人都在自己的崗位上努力著，也讓弟弟妹妹在自己的領域裡發光發熱。

在我走到絕境時，媽媽跟我說：「我和你一樣年紀的時候，負債上千萬，每天為了軋支票奔走，還得照顧六個小孩，應付家暴，再難還不是都走過來了。」

看到媽媽這麼多難關都撐過了，我們更應該珍惜自己。

面對困難，沒有過不去的理由，沒有放棄的本錢。我得一如既往自己選擇面對困難的方式，決定前行的姿態。

Part
4

轉個彎，找到光透進來的 路

我的價值，不需要任何頭銜。
陷入絕望時離開不對的環境是「勇氣」；
想辦法遠離惡意對待你的人是「善待自己」；
放棄錯誤的期待和目標是「選擇」；
不糾結在改變不了的環境裡是「智慧」；
為不公平的事情發聲是「承擔」。

4—1

放棄，是一種勇氣

我們家妹妹小的時候，我和工程師必須頻繁帶她就醫、檢查、早療。那段時間在工作上，我也遭遇很大的困難，無論做什麼都不對。當時加班做好的評鑑資料隨意被摔在桌上批評：「做這些沒用的東西！」公文也常常送上去就消失了，計畫重做再重做……這樣的戰戰兢兢，卻換來痛苦的對待。

知道自己升遷無望，認真準備了抗拒很久的研究所，專注的讀了兩年書，拿到碩士學位。既然跟上司無緣，我就辭去行政工作，把所有心思放在教室，也減少和情緒化的上司相處的機會。

那十年，我遇到家裡有各種狀況的孩子：被性侵的、家中照顧者重病的、家庭毫無功能的、自殺的、家暴的、目睹家人自縊的、被科任老師安排只能坐門口的……好多好多狀況。現在回頭想想，或許都是為了讓我放掉汲汲營營想得到的職位，要讓我整天待在教室裡把所有注意力放在學生身上，這樣才能敏銳的發現孩子的神情和動作的不一樣，立即協助孩子處理、觀察、通報、輔導……。

那段時間，我放學後載著妹妹開車全基隆尋透透，到處找已經兩天沒到校的孩子；我曾抱著兩歲的妹妹去幫低收的家長找工作，帶著她去學生家裡送資源，讓她和學生那遲緩的妹妹一起去上語言治療課，帶著她去醫院探視罹癌的家長……還好妹妹很乖，大概知道媽媽忙，從來不吵鬧，乖乖跟著我到處跑，也還好她很瘦小，讓我抱一整個晚上也無礙。

十幾年前，我拿到了主任資格，這輩子沒有機會用上，連證書都不知道去哪裡了，但是我從來不後悔這樣的決定。

想想我這脾氣，哪裡適合當主任？但是我敏銳的觀察力和處理孩子事務的能力，當導師適合極了！

之前我也有機會進教育處當長官，當時沒有多想就婉拒了。我知道我的專業不在行政上，關在辦公室裡完成一個又一個的活動和計畫，不是我的長項。人貴在有自知之明。

我的價值，不需要任何頭銜。

陷入絕望時，離開不對的環境是「勇氣」；想辦法遠離惡意對待你的人，是「善待自己」；放棄錯誤的期待和目標，是「選擇」；不糾結在改變不了的環境裡，是「智慧」；為不公平的事情發聲，是「承擔」。

轉個彎，或許能找到更寬廣、更能施展所長的路。

放棄，是一種勇氣，也是重生的開始。

4—2

沒有過不去的坎

記得很久以前，我也喜歡跟朋友分享心情點滴。但是在妹妹出生後，實在過得太忙碌、太苦，我發現不管跟誰說，最後都只有自己能面對這些生活的苦，沒有人和我有一樣的處境，再好的朋友都無法了解我的感受。

有時甚至還會得到幾句批評和不諒解：「你就該辭掉工作，專心帶她去復健呀！」「你為什麼不帶她去臺大醫院做檢查？」「一萬八的檢查費？再貴也要帶她去做呀！」「有一個醫生在臺中很厲害，會太遠嗎？」「如果我是你……」

最難的就是，沒有人是我，沒有人理解復健要錢，請假要錢，做檢查、上體操課、矯正鞋、房貸、生活費……這些都要錢呀！光是經濟壓力就可以壓垮一個人，更不用說帶著她就診、開刀、復健的疲累，加上工作的壓力、兩個兒子的照顧、家裡的整理……每天都當作四十八小時在用。

所以我漸漸的就不說了。訴苦不能解決任何問題，只會感到孤單，總覺得不管做多少都不夠，別人永遠有自以為是更好的方法。

後來我也不和朋友聚會了，坐在一起聽八卦的時間，可以帶妹妹多上一堂課。當我在煩惱妹妹學不會時，聽到朋友嫌棄自己優秀的孩子不夠努力，心裡的酸楚真是說不出口的苦。

我不覺得孤單不好，生活已經夠困難了，我不想再費心力處理八卦和人際關係。

我會去看海，在海邊吹吹風，看著大浪拍擊激起的浪花、海岸邊千瘡百孔的石頭、每天升起的太陽、天上飛翔的海鳥，很多煩憂就這樣散了，想想最糟糕的狀況大概也就這樣。

我會找一個讓自己忘卻煩惱的興趣，耗盡會胡思亂想的時間，從裡面得到一點點的成就感；去幫助更需要照顧的家庭，發現原來自己還有一點貢獻和能力。

看看我就知道，這十幾年來，個性和脾氣都改了好多。沒有過不去的坎，也沒有過不了的關。不強求妹妹得不到的智慧，只盡力讓她健康和快樂；**放棄得不到的期待，不奢求任何人的認同和賞識，專注在自己想努力的意念上。**

我沒有比較厲害，只是放棄的比較多。別讓自己的痛苦成為別人茶餘飯後的八卦。

4-2

心磨著磨著，就不痛了

有朋友問我，遇過這麼多的挫折，每一件事聽起來都很困難，可是看到我還是大聲的笑、堅持自己的理念、跟工程師放閃，心臟怎麼能這麼強？

想想，我真的遇到好多困難和低潮。可以解決和選擇的都還好，我通常會面對問題，想辦法解決。像是面對妹妹從小的全面性遲緩、眼睛重度遠視、中耳積水開刀、全身肌耐力不足、無法識字認字等問題，都是要想辦法補足她沒有的能力。

有個媽媽告訴我：「孩子上早療復健兩個禮拜了，都沒有什麼進步，很想不要去了。」我跟那媽媽說：「孩子的進步真的很慢，有時是在累積經驗和能力，要持續不斷的練習著，有一天才可能學會，可是如果你放棄了，她就連有一天學會的機會都沒有了。」

兩個禮拜？我們早療做了六年啊。我常常想，如果沒有這六年，妹妹今天能走路、能說話嗎？

孩子的進步緩慢，有時真的會懷疑自己的努力，懷疑自己到底在忙些什麼？到底會不會好？如果都不會好，那還要繼續辛苦下去嗎？

還好那時候我把時間填滿，放棄的念頭都只有一閃而過，隨即就得趕下一個行程，沒有時間哀怨，好像也是一個好方法。

當我受到網路上的攻擊和霸凌，大概會痛苦三到五天。第一次遇到時好絕望，我明明是一個認真的老師啊！為什麼只不過建議孩子們留點菜給家裡辛苦的同學，就成了爛老師？就說要我去死？看到網路上那些惡毒留言和批評，真的會有想要結束生命的想法。到底我有多爛？我平時的努力有意義嗎？這些攻擊會結束嗎？

尤其當時陷入憂鬱，不定時會復發，總是不停的掉淚，不停的想著結束生命的方法，心裡想著如果我走了，是不是所有攻擊就會停止？

那幾天必須刻意要求自己減少上網，不去看惡毒的留言和謾罵，去海邊哭一哭卸掉過多的情緒，一定要維持平常的作息，上班、回家煮晚餐、陪妹妹寫功課、陪工程師吃晚餐，晚上就緊緊抱著工程師感受一下溫暖……

歷經幾次後，現在調適得比較快了。以前總忍不住去看那些留言和批評我的文章，然後痛苦自虐，但現在都反應遲鈍、後知後覺。

前陣子有位朋友告訴我，有位網紅老師發了好幾篇文章罵我，還因此多了幾千個粉絲，說我會帶粉絲去霸凌他。哈！我根本不知道有這件事。聽說文章很精彩，在事件結束後想說去看看，才發現我根本被那位老師封鎖了。反應遲鈍很好呀！如果真的看到他那幾篇文章，我應該又會難過了。有沒有罵我對我來說沒有任何影響，希望他在平行時空裡也一切安好。

心太嬌嫩，一點點磨擦就覺得痛，但像我這樣磨到表面像菜瓜布，磨著磨著，就不痛了。

4—3

讚美，讓很多事改變

我在課堂上曾經對孩子們說，其實口頭的讚美和感謝，可以讓很多事情改變。

我請孩子回家後對父母為他們做的事說聲謝謝，例如吃飯時針對最喜歡吃的菜讚美，看看父母跟他們的互動有沒有不一樣？

前幾天放學的時候，遇到一個特殊孩子的媽媽來接他。媽媽一見到我就開始緊張的跟我道歉：「老師呀！他就比較含慢（臺語「遲鈍」的意思），什麼事情都做不好，我也不會教，給你找很多麻煩吼？……還好你願意接受他，他做不好你都沒有罵他……」

我跟媽媽說：「他很乖，不要一直唸他，要多鼓勵他……」這位媽媽說：「我沒有唸他啊！他這麼含慢，我都沒有唸，我都鼓勵他不要這樣慢吞吞的，我是全家最沒有唸他的人。……是我不好，我也很笨不會教，停課的時候那個電腦上面寫什麼都不會，真的很對不起，沒有幫他好好上課，他的作業我也看不懂。」

聽得出來這位媽媽滿滿的挫敗。我跟她說：「慢慢來沒關係，那些作業他能做的，有做就好，他很努力了。」

媽媽突然眼眶一紅的說：「他啊，昨天回家突然跟我說：『媽媽你好棒！謝謝你！』也不知道是真的說我好棒，還是故意笑我？我什麼都不會，他還說我好棒！」

那媽媽就像個孩子，尷尬的一邊笑著，一邊擦眼淚。我看到一個很努力的媽媽，她對孩子的學習很擔心，卻找不到方法，很想幫忙孩子，自己也看不懂。這位極度挫敗的媽媽，終於得到了讚美和肯定。

我跟媽媽說：「他當然是說真的，你真的很棒呀！一直支持他、照顧他，你那麼疼他，還辛苦的接送，他都知道。」

看著母子兩人手牽手離開，媽媽一邊走還一邊唸著：「你上課要認真啊……功課要好好寫，才不會給老師惹麻煩……」

看著看著，我的眼眶也紅了。我了解一個媽媽想幫忙孩子卻束手無策的感覺。

我們的一本國語作業是六年級的程度，但這孩子完全沒有辦法寫。我請資源班老師替他找一本閱讀測驗，讓孩子寫他能力所及的作業，這比他看不懂只能抄答案、不斷訂正要來得有意義。

有很多孩子和媽媽真的盡了全力，但是怎樣也克服不了天生的限制，他們也想得到讚美，卻總是追趕不上其他人的進度，生活中充滿挫敗。我試著讓孩子做他能做到的，在能力範圍內得到讚美和認同，這樣才能讓孩子有學習動力。

我提醒自己也要練習每天讚美每個孩子，願每個在能力範圍內的努力，都能被看見。

4—4

善良是一種選擇

看到一本日記上寫著，一個孩子上課輔班大哭，旁邊的同學學他哭的樣子，大家都笑了起來……

我把有上課輔班的孩子都找來，問問發生了什麼事？

原來是老師帶了活動，答對的同學有得到小禮物，那孩子沒有拿到就大哭起來，其中一個同學罵他：「六年級了還哭！憑什麼哭就能得到禮物？」接著誇張的嗚嗚嗚學他哭，讓大家哄堂大笑。

我問那哭哭的孩子：「你昨天為什麼哭了？」

他說：「因為我很想拿到獎品，沒有拿到很失望。」

我告訴他：「很多人拿到獎品嗎？」

他說：「沒有，只有很少的同學拿到。」

「那其他沒有拿到獎品的同學都怎麼辦呢？」

他眼睛瞪很大：「他們都沒有哭耶！」

我說：「我想他們一定也都很失望，對不對？但是他們有不一樣的處理方式。」

我問其中一個同學：「你沒有拿到，你是怎麼想的呢？」

同學A：「下次舉手舉快一點！」

同學B：「很多人都沒有拿到。老師說下次上課還有機會！」

同學C：「有一點失望，但是沒辦法，只有幾個名額。」

我跟哭哭的孩子說：「同一件事情，想法不一樣，處理的方式就不一樣，結果也不同。沒有拿到的大家都很難過呀！但是當著大家的面大哭，我們也沒有辦法去管別人說你、笑你。」

他說：「那個女生笑我、學我哭的時候，我覺得更難過，就哭得更大聲了。」

我說：「她這樣學你實在很不應該，但是我們下次遇到一樣的事情，試試看安慰自己下次再努力一點，想想看要怎樣才能得到獎品。

「你很想哭，但是又不想被看到的時候可以深呼吸，有時候老師想哭也會一直深呼吸，然後眼淚就不會掉下來。

「上課的時候號啕大哭，讓發獎品的老師好尷尬呀！而且也沒辦法繼續上課了。」

我把嘲笑孩子的同學找來，問她發生什麼事？

她說：「他只是沒拿到獎品就大哭呀！」

我問她：「他歸你管嗎？大哭你就能罵他嗎？惹到你了嗎？你還學他哭，沒拿到獎品就很傷心了，大家嘲笑讓他更難過。

「如果換作是你難過掉眼淚的時候，有人學你哭，全部的人一起大笑，你有什麼感覺呢？」

那女孩低著頭說：「我會很難過。」

我說：「他是我的學生，以後請你不要再欺負他！我想你還欠他一個道歉。」

趁那孩子去上潛能班的課不在時，我對全班的孩子說：「每個人遇到同一件事情的處理方式不一樣，有的人會生氣，有的人沒感覺，有的人因為太在乎了會難過傷心，這些都是正常反應，我們應該尊重每個人的感受。……他會這麼傷心有可能是因為不知道該怎麼處理，這麼多人一起笑他就更難過了。……你們都知道他善良，不應該被這樣對待。」

我很高興這一次，我們班一起上課的同學沒有跟著一起笑他。「如果下次再遇到同樣的事情，能夠鼓起勇氣制止嘲笑他的同學都站起來走到他的身邊，陪他一起，那就太好了。……我們自己班上的兄弟，當然要我們自己保護好，怎麼可以讓別人欺負？」

隔天，那平時安靜的孩子開心的過來跟我分享：「老師，那個××剛剛跟我說，下次如果遇到有人欺負我，她會幫忙我耶！她超好的！」

這次的事情如果沒有處理，以後這個哭哭的孩子在那個班級裡，就是被嘲笑欺負的對象。

一個事件的發生，後續的處理很重要，要讓他知道遇到困難時心情如何轉換，還有避免被欺負的方法；要教育欺負人的同學不可以這樣對待他；也可以拜託班上的同學幫忙看顧這個孩子。老師沒辦法隨時在他身邊，教育好同學對待他的方式很重要。

有些孩子面對攻擊毫無招架之力，如果在他落難的時候，有同學替他說句話，讓欺負的人知道有人站在他身邊、有人可以保護他，就不會有霸凌的行為出現。

善良是一種選擇，我們都努力讓孩子們看見自己的能力和天賦，也帶著他們做出好的選擇。

4—5

我不是幸運，我很努力

曾經有人這樣對我說：「你真是走狗屎運，長得也不美，想當網紅實在太不可能，卻能有這麼多的粉絲，每天按讚的人數甚至比幾十萬粉絲的粉絲頁來得多。你真是要感謝上帝。」

「我一點也不覺得我是幸運，我很努力。」我說。

為了讓自己的烘焙技術進步，我沒有時間去上課，只好搬了不知道幾箱的蛋回家，趁凌晨妹妹還在睡覺時不斷的練習。只要想做什麼，我一定想盡辦法買書、看影片後不斷嘗試。我用過三臺烤箱、兩臺麵包機、四臺攪拌機，買了各式各樣的烤模試做，所以很多朋友遇到烤箱或烤模的問題，我都能夠回答。每一次都要失敗無數次後，才能貼出美美的成功照分享，烤溫、作法也都經過不斷測試後才能公開。雖然我沒有用烘焙賺得任何金錢，但是回饋給我的，是純熟的技術和莫大的成就感。

大學聯考時，我的國文沒到低標，可以想像文筆有多差，但是我沒有因為這樣而討厭閱讀，反而針對自己喜歡的事物去鑽研，不斷閱讀烘焙、親子教養、特教相關的書籍和文章。

我持續了七年，每天早起至少花一個小時寫一篇文章，把看到的、經歷過的想法整理後寫下來。寫文章花了我很多時間，但是每篇文章中每位讀者的按讚、留言，回饋給我的，都是用金錢無法計數的力量。

粉絲人數和觸及率雖然沒有讓我的收入增加，但是每次只要募集二手衣，短短幾分鐘內就能募到幾十箱。也因為這個粉絲頁，我們身邊那些辛苦的阿嬤得到生活上的協助。我能在幾個小時內就替早療中心募到一輛早療車，幫罕病的孩子募到手術費用……這就是我投注所有精力和時間後，最大的收穫。

這幾年，我上班時間幾乎不踏出教室，沒有對象需要聊天，我的時間多出很多。每天大概會有三到四堂的空堂，我會花個兩堂批改作業，剩下的一、兩堂就可以一邊喝著工程師幫我泡的茶，一邊處理孩子的各種問題。讓自己的生活單純，去除不必要的交際，減少抱怨和批評的時間，就能讓工作效率提升，讓自己的能力增進。

我忙著長進自己，忙著幫助別人，哪有時間去管一個無知網友寫的一句批評？哪有時間管一個不相干的人不喜歡我？

白雲在天上自在飄搖，落入你的眼中，在心中有了想像，是你自己的事，跟白雲無關。

白雲是否美麗很主觀，可以喜歡它，也可以不喜歡它，是你自己的喜好，與白雲無關。

如果因為不喜歡我而需要用鍵盤來傷害我，真的可以省省力氣，盡情留下心裡對我的厭惡。對於人情世故我真的看很開，一點都不在意，每個人都能發表自己的高見，所寫出來的，呈現的是自己的修為。

我做好了自己，全心為了自己的理念而努力，不是為了要讓誰喜歡我而努力。

活到四十幾歲，我很驕傲，不需要奉承任何人來幫助我、喜歡我，反倒是我拿到了資源，到處去詢問有沒有學校需要幫忙，有看過我求了誰嗎？

有時我對自己堅定的心志都覺得訝異。這些年來，因為遇到的人與事，讓我成為現在的自己。

每個人都投入自己能做的事、想做的事，用自己的高度去看這個世界，無愧於心就好。

4—7

每次的困境，都有值得思考的意義

我去演講時，有朋友問：「在推廣融合教育的這條路上，你經歷很多困難，是怎樣調適的呢？」

很多事情遇到的當下真的很痛苦，但是現在回頭看，不管是哪一次，都讓我學習到很多。有時是要調整自己的想法、做法，修正錯誤；有時是學習讓自己不再被傷害，還能讓我篩去隱藏在身邊的惡人。人不落難，看不清楚身邊的人究竟是人還是鬼。

每一次的困境，都有值得思考的意義。

當下我會接受自己的情緒，悲傷或痛苦的時候，就會到海邊大哭一場，盡情發洩，不把低潮的情緒帶回家，也不帶進教室，會盡量做讓自己開心的事。

很幸運的是，我家妹妹很單純善良。每次我在外面受挫回到家，在她的身邊總是能讓心情平靜下來，我在她身上找到人性本善，也為她的每一個進步感到開心。

我家工程師的包容力也很強大，回到家抱著他，就能夠得到支持，修復受傷的心。

我的家人都很護短，每一次都陪著我一起罵，也會給我及時的安慰和意見。有這幾個強大的行動電源，我每天都能修復自己。

找出自己的行動電源，隨時充電；每天讓自己的情緒歸零，今天不再為昨天傷心，也不為明天擔心，只為當下努力。

找出值得我們努力的人和事，不管是生活中還是網路上。

適時的放棄、隔絕不想懂你的人，拋棄對你惡意的人，隱藏不斷釋放負面能量的粉專或文章，讓自己的生活不再因為這些不對的人糾結。不要因為他們的一個垃圾留言心情波動，割掉身上黏著會影響健康和心情的毒瘤，太重要了。

心情不好的時候，就抱抱工程師，如果抱一次趕不走壞心情，那就抱兩次吧。

4—8

你開心，孩子就開心

常常有孩子的媽媽會傳訊息來問我該如何轉換情緒？帶孩子的挫敗、生活的不容易，都會讓人絕望。

我以前是很不信鬼神的，但是人在走投無路的時候，真希望有人可以跟我說說該怎麼辦？為什麼會這樣？有沒有什麼方法可以改善？

有一次，同事帶我去算命。師父看看我，看看妹妹，要我說說話。我才開口，就哭到說不出話來。

師父什麼都還沒問就告訴我：「她有自己的進度，慢慢就能學會了，只是慢一點呀！但是你這麼焦慮，孩子就焦慮，怎麼可能學得會？你最重要，你開心孩子就開心，你開心全家都開心。」

沒想到我哭個半死，妹妹卻對著師父一直笑，是不是覺得師父說得很對？這個焦慮的媽媽欠開解啊！

師父完全沒有要我花錢消災解厄，也沒有要我去哪裡作法拜什麼或幫妹妹做些什麼，他只告訴我要開心。

我有把師父說的話聽進去。想想這幾年來，我確實一直都在做讓自己開心的事。

開車在路上，我會很在意自己的生日車牌，只要看到生日車牌，我就會覺得那一天一定是幸運的一天。於是我索性在買車的時候，把車牌換成自己的生日。每天上下班看到心愛的車掛著生日車牌，心情都超好！

我喜歡海，最焦慮的那段時間天天凌晨去看海、看日出，有時停好車一邊走一邊哭，浪濤和風聲可以蓋掉我號啕大哭的聲音。坐在海邊看著太陽從雲裡、從海上躍起，常常破涕為笑。卸掉高壓的情緒，就能再重新出發，好好上班，好好帶妹妹去復健。

我把上班、帶妹妹去復健以外的時間全部塞滿，當時做機車模型、做蝶谷巴特、做麵包蛋糕、考丙級證照等等，每一項我都超級瘋狂投入，從這些手作中找到成就感，安慰自己原來沒有那麼失敗、那麼無能，我可以做好這麼多事。

走進機構，接觸到很多缺乏資源、需要照顧的孩子，頓時覺得我家妹妹超幸運，能夠來當我的女兒。我有這麼強大的毅力和不服輸的個性，也有足夠的時間和經濟能力讓她早療復健不間斷，她才能夠從中度語言、中度肢體障礙中脫離，現在可以好好溝通並活動自如。

我想辦法和工程師好好相處，主動示愛，每天他出門前一定要親吻說再見，每天晚上都要擁抱說晚安。不想把生活過得像死水，不想每天看到枕邊人就想吐，努力經營好婚姻，需要人安慰擁抱時，還可以把工程師從貓堆裡拉出來抱一下。

有很多人訝異的對我說，妹妹有嚴重的學習障礙，情緒怎麼能這麼穩定？她幾乎不抱怨、不吵鬧，隨時笑瞇瞇的，把事情做好後還能告訴自己：

「我好棒呀！」

或許是因為我陪伴她的時候，情緒就是穩定的，感情上是滿足的，不把自己的挫敗堆在她身上，不從她身上找成就感，不會怨天尤人，讓她用自己的速度和方式學習，所以她能夠開心的生活，在沒有評價的壓力下學習。

我沒有辦法告訴每一個人該怎樣幫助孩子，但是我可以告訴你，**你是最重要的！你開心，孩子就開心，全家人都開心。**

把自己照顧好，找出讓自己開心的方法，做有成就感的事，然後，就能充滿勇氣繼續為自己努力，找到最適合的方法來幫助孩子。

4—9

承擔了信任，更需萬分謹慎

關於商品募資或是團體機構募款希望我分享活動資訊等等的邀約，我都拒絕了。因為我必須對分享的文章負責，那些無法確認活動的目的、組織的合法性、金錢的流向……尤其是商品募資後，如果公司結束或不履行買賣責任，那些透過我的文章購買的人就會找我負責，我承擔不起啊！

之前曾經幫某個慈善活動分享資訊，因為我的分享，大家捐助了一百多萬，但後續的問題多到我無法處理，每天花好多時間協助處理公關公司該負責的工作。好多人詢問我一些根本無法得知的資訊，真的讓我很愧疚，還好後來活動圓滿結束，但那段長達幾個月的時間，讓我壓力非常大。

也曾幫一個機構分享販售商品的資訊，結果出貨延遲、商品狀況不如敘述，窗口負責人的應對態度強硬，對很多訊息視而不答。我幫忙分享分文不取，卻還要承受朋友和窗口聯繫時衝突的不悅，真是讓人無言。

很久以前幫過一個團體募款，我自己也捐了十幾萬，以為有很多家庭和孩子可以得到幫助，結果那些錢都被拿去做宣傳活動。機構理念的宣傳固然重要，但是和我原先設想的目的完全不同，早知道就把錢留給學校低收的孩子們。

也有很多人轉發辛苦的家庭或機構要我幫忙募款，但是光憑幾張照片和描述無法確認是否屬實，或許是我看過太多募款家庭的實際狀況，我不會一時腦熱就發文分享。

之前我幫忙以琳少年學園改善環境，是透過士林地方法院的調保官轉介。我在決定幫忙以琳之前，常利用下班時間跑去好幾次，送些衣服、鞋子，確認牧師和老師們愛護孩子的態度，也確定他們的環境真的需要幫忙，所以後來請了設計師去丈量，找廠商去估價，就連施工我都去看了好幾次，確認這些工作內容和項目真的改善了孩子的環境。大家會因為信任我而捐款，我必須為募集的愛心負責。

二〇二一年暑假，有一位網友告訴我，他鄰居的孩子從小父母都不在，只有年邁的爺爺照顧，結果六月時他爺爺也走了，這剛滿十八歲的孩子孤苦無依。當下我就約了去孩子家裡探訪。

在這個年代，如果不是親眼所見，沒辦法相信有人家裡竟然連廁所都沒有，環境破舊不堪，睡覺時老鼠、蟑螂會到處跑。我替孩子買了衣服，載他去大學報到，和老師談話，建議讓孩子從夜校改讀日間部，陪他去看了宿舍的環境，拿幾萬元給孩子當生活費。

當時我沒有發文募款，是因為確認有很多團體可以幫忙照顧，有些團體幫忙房子內部重建，也有立委幫助孩子順利申請低收證明，領有生活津貼；學校提供了工讀機會和住宿，還有一位好朋友捐了電腦，我和姐姐送了衣服和鞋子……確認孩子得到的幫助足夠就好，讓這個大孩子學會獨立照顧自己還比較重要。

也有些機構讓我去了幾次之後決定不再幫忙。或許是他們習慣了他人捐贈，對捐贈人和安置的孩子都很冷漠。整個機構裡好幾位大人，卻讓我自己一個搬五大箱鞋子，去了好幾次也只讓我蹲跪在門口為二十幾個孩子們試穿鞋子，那種冷漠的態度，讓我覺得送這些物資去，應該是增加了承辦人的工作量和麻煩。

我曾和輔導老師揪團一起買了上百包「非愛不可星兒手作工坊」的星願米。第一次購買星願米，是有人轉發訊息給我，於是我自己開車到臺東確認機構運作的方式。我看到孩子在機構裡有得到妥善照顧，並親眼看到中重度的自閉症孩子自食其力的將米一包一包包裝起來，我自己也長期吃星願米之後，才開始發文請大家一起來買米。

做慈善是好事，但是詐騙實在太多，利用人性善良的人也很多，有些根本就是營利單位。我不願意在沒有確認的情況下，濫用自己的號召力去耗損大家的善意。

也懇請大家不要用「我覺得神老師很善良，一定願意幫忙！」、「我知道神老師長期關懷弱勢，一定可以號召大家支持這次的活動。」這樣的敘述來要求我發文。高觸及率是我的長期努力，並不是誰的免費廣告。我不想做超出自己能力範圍的事，只想做我能確認的事。

我不是踐，不是傲，只是承擔了這麼多人的信任，必須謹慎小心。

4—10

最好的安排

年輕的時候有很多遠大的抱負，有想要爭取的榮譽和位置，也積極拿到資格、力求表現、配合要求。我的每一項評鑑都是特優，把全校學生都管理得很好呀！但在努力過後，常常會難過為什麼這麼拚都沒用？

過了這麼多年回頭去看，我才發現，沒有讓我得到那個位置，是最好的安排。

我沒有信仰，也不迷信，但是在人生最低潮的時候，總希望有人能告訴我怎麼做才好？

我曾在工作最不順利、不管怎麼努力都沒有用時，去算了命。算命師父沒有問太多，只告訴我：「你的成就不在那個位置上。」

這句話對我影響很大，讓我靜下心來思考，那個位置到底對我有什麼意義？適時的看清自己的位置，就會知道用盡全力和時間去爭取的，根本不適合我。放掉不適合的期待和目標，遠離負面的人，把時間放在更有意義的事情上。

那段時間妹妹還很小，大醫院的早療課程都排在白天，我只能每週請假帶她到臺北做語言治療，在基隆做職能和物理治療，晚上繼續跑復健，假日還要去臺北上體操課，體力和精神都消耗殆盡。

我當時在學校是組長兼導師，工作繁重，常常必須放下工作請假，放學後就立刻接妹妹跑復健，蠟燭不是兩頭燒，而是整根一起燒。當時時間不夠用就會沒有耐心，我的脾氣超暴躁，情緒常在臨界點即將爆炸。下班積累一整天的情緒帶回家，讓整個家也都變得烏煙瘴氣。

後來我辭去學校的行政工作，總算卸除掉壓力。不需要頻繁的被刁難辱罵，不需要承受評鑑成績，不需要加班做資料和評鑑，下班後的時間都陪妹妹做復健，寒暑假帶她去做各項檢查，每個寒假則是處理她的中耳積水問題。

有捨必有得。那個行政工作的位置誰做都可以，我的個性不擅於處理人際關係，擔任行政職會遇到太多問題。評鑑沒有得到特優，學校並不會垮，沒有我，一切仍然正常運轉。但是，能幫妹妹找方法、解決問題的人只有我。

我在妹妹身上看到極大的進步，在工程師身上重新找回戀愛時的甜蜜，我改善婚姻的問題，也有更多時間花在日漸叛逆的哥哥們身上，還有更多精力去關心弱勢的孩子。

能夠及早發現自己不適合，察覺問題，就能重新找到生活的重點，放棄不必要的努力，遠離散發負面情緒的問題人。**一個不適合的位置卻換來我能力發展的極致，是我最大的幸運。**

當下的挫敗一定會讓人難過，但是**每一次的失敗都是思考的契機，或許都是在告訴我們能有更好的選擇，一定是有更好的方式、更值得做的事需要**

我去努力。

得之我幸，不得我命，每一個出現在生命中的人和挫敗、發生的事件和經歷，都是最好的安排。

善良是一種選擇

只想做有意義的事，不活在別人眼光中

作者——神老師 & 神媽咪（沈雅琪）

主編——林孜懃
美術設計——王瓊瑤
行銷企劃——鍾曼靈
出版一部總編輯暨總監——王明雪

發行人——王榮文
出版發行——遠流出版事業股份有限公司
地址——104005 臺北市中山北路一段 11 號 13 樓
電話——(02)2571-0297
傳真——(02)2571-0197
郵撥——0189456-1
著作權顧問——蕭雄淋律師
2022 年 8 月 1 日 初版一刷

定價——新臺幣 350 元
（缺頁或破損的書，請寄回更換）

ISBN —— 978-957-32-9660-7

遠流博識網 http://www.ylib.com
E-mail: ylib@ylib.com
遠流粉絲團 https://www.facebook.com/ylibfans

國家圖書館出版品預行編目 (CIP) 資料

善良是一種選擇：只想做有意義的事，不活在別人眼光中 / 神老師 & 神媽咪（沈雅琪）著. -- 初版. -- 臺北市：遠流出版事業股份有限公司, 2022.08

面； 公分

ISBN 978-957-32-9660-7(平裝)

1. CST：親職教育 2. CST：子女教育

528.2 111010316